EL P

ti

Sabiduría kabbalística para crear la película de tu vida

KABBALISTA RAV P. S. BERG

© 2006 Kabbalah Centre International

Todos los derechos reservados. Ninguna parte de esta publicación puede ser reproducida ni transmitida de manera alguna por ningún medio, ya sea electrónico o mecánico, incluyendo fotocopiado, grabado, xerografiado o cualquier otro sistema de almacenamiento y recuperación de información, sin permiso por escrito del editor, a excepción del crítico que desee citar pasajes breves en relación con críticas escritas para su inclusión en revistas, periódicos o programas radiofónicos o televisivos.

Para más información:

The Kabbalah Centre
155 E. 48th St., New York, NY 10017
1062 S. Robertson Blvd., Los Angeles, CA 90035

1.800.Kabbalah
www.kabbalah.com

Primera edición en español: Marzo del 2006
Impreso en Canada.
ISBN 1-57189-547-7

Diseño: Hyun Min Lee (HL Design, www.hldesignco.com)

EL PODER EN ti

Sabiduría kabbalística para crear la película de tu vida

www.kabbalah.com™

KABBALISTA RAV P.S. BERG

ÍNDICE

Agradecimientos — vii

Introducción — 3

Capítulo uno: El poder del Cosmos — 13

Capítulo dos: Restricción — 69

Capítulo tres: Reencarnación — 79

Capítulo cuatro: La Mente — 105

Capítulo cinco: Salud y Curación — 147

Capítulo seis: Estrés — 191

Capítulo siete: Tiempo — 209

En conclusión: Transformación — 221

AGRADECIMIENTOS

Para mi esposa, Karen. En la inmensidad del espacio cósmico y la infinidad de vidas, tengo la dicha de ser tu alma gemela y de compartir una vida contigo.

INTRODUCCIÓN

Durante el siglo XX y los primeros años del siglo XXI, la ciencia y la tecnología han alcanzado grandes logros. Se necesitaría un libro mucho más largo que este para enumerar los muchos avances que he presenciado a lo largo de mi vida, tanto materiales como intelectuales. Lamentablemente, este progreso innegable ha venido acompañado de un aumento directamente proporcional de sufrimiento emocional, enfermedades relacionadas con el estrés y, lisa y llanamente, infelicidad.

¿Podemos hacer algo al respecto? ¿Hay alguna forma de acercar nuestra experiencia interior de la vida a la abundancia material que nos rodea? ¿Podemos cerrar la brecha entre lo que vemos con los ojos y lo que sentimos en el corazón?

La respuesta a estas preguntas es un enfático "¡Sí!". Y en los siguientes capítulos, aprenderás a poner en práctica ese "¡Sí!" mediante las herramientas y las enseñanzas de la Kabbalah, el compendio de sabiduría espiritual más antiguo del mundo.

Mientras escribo estas palabras, soy consciente de ciertas ideas que a menudo se asocian con la aplicación de las tradiciones antiguas a la vida contemporánea.

De antemano tal vez creas, por ejemplo, que te llevará por el camino del distanciamiento, la vida trascendente y la falta de compromiso con los asuntos cotidianos.
Tal vez pienses que la Kabbalah te instará a liberarte del deseo, a estar satisfecho con lo que tienes, y a reflexionar sobre el significado de la frase "menos es más".

O podrías sospechar que la "sabiduría eterna" se traducirá en "antigua"; y que esa antigüedad, aunque pueda parecer atractiva cuando te encuentres en un estado contemplativo, tendrá un beneficio final mínimo en tu vida diaria. Para empezar, quiero subrayar que ninguna de estas ideas preconcebidas guarda relación con la Kabbalah. Al contrario, la Kabbalah es un compromiso profundo con la vida cotidiana. La Kabbalah te permite cumplir tus deseos más auténticos, no te induce a escapar de ellos.

En estas páginas, mi intención es hacerte conocer las enseñanzas auténticas de la Kabbalah en el contexto del mundo moderno. Como verás, la película de tu vida puede ser una comedia, una tragedia, un melodrama o una farsa, pero la elección es sólo tuya. Y lo que es más, la capacidad de cambiar tu propia película está en tus manos. En efecto, este es "El poder en ti".

"PARA TODOS LOS QUE DESEEN APRENDER…"

A principios de la década de 1970, mi esposa Karen y yo nos propusimos por primera vez difundir la sabiduría de la Kabbalah entre todos los que tuvieran el deseo de aprender. Era una idea revolucionaria. Durante siglos se había dicho que cualquiera que se aventurara en este terreno del conocimiento corría grandes peligros; en cada generación, sólo un grupo selecto de sabios podía aprender la Kabbalah a salvo. Estas advertencias habían surtido efecto. Ciertamente, estas enseñanzas antiguas han permanecido ocultas, y con razón. El grado espiritual de la humanidad todavía no estaba listo para la Kabbalah. Pero llegó un momento en el que Karen y yo advertimos que las cosas habían empezado a cambiar. Por eso abrimos sedes del Centro de Kabbalah en todo el mundo, y pronto comenzamos a recibir la ayuda de almas bondadosas que compartían nuestro deseo de difundir la sabiduría sagrada de la Kabbalah.

¿Cuál es la esencia de esta sabiduría? La Kabbalah enseña que hay sólo dos conceptos básicos que debemos conocer para eliminar el caos de nuestra vida. Los kabbalistas se refieren al primero de estos conceptos como la Restricción, y al segundo como el Deseo de Recibir para Compartir. Naturalmente, en el fondo estas dos ideas se convierten en una sola. Como dijo Rav Hilel: "Ama a tu prójimo como a ti mismo. El resto es comentario".

Sin embargo, conviene añadir que los comentarios que comprenden los grandes textos y las enseñanzas de los sabios tienen una gran importancia. Porque es gracias a estas fuentes que llegamos a conocer los verdaderos "cómos" y "por qués" de la Creación, y por tanto conseguimos liberarnos de la gran cantidad de conceptos erróneos de la humanidad. De estos conceptos erróneos, uno de los más predominantes y perjudiciales es el de la existencia de un Ser Supremo que da recompensas e impone castigos.

Lamentablemente, la imagen de este Ser Supremo está profundamente arraigada en la conciencia humana, y se necesitará mucho tiempo y esfuerzo para borrarla. Sin embargo, la Kabbalah enseña que todas nuestras experiencias —pasadas, presentes y futuras— son el resultado directo de nuestros pensamientos y actos. Y de nada más que eso.

La distinción entre pensamiento y acción fue un gran tema de discusión en el mundo científico antes de que se produjeran los revolucionarios hallazgos de la física del siglo XX. Hasta ese momento, se consideraba que mente y cuerpo eran dos entes separados. La enfermedad, por ejemplo, se entendía como una disfunción esencialmente física, que no estaba en ningún modo relacionada con los procesos de la mente y el corazón. Sin embargo, en inglés, la misma palabra *dis-ease* (enfermedad) señala el camino hacia una verdadera comprensión de la salud y la enfermedad; es decir, que el estrés y la enfermedad son una misma cosa. El diccionario Webster define *ease* como la "ausencia de dolor, preocupación, problemas o tensión". El prefijo *dis* significa "lo opuesto a". Por lo tanto, y tal vez sin proponérselo, la medicina definió con exactitud la enfermedad como una condición en la que la ausencia de dolor, preocupaciones, problemas o tensión, es sustituida por el caos físico y psíquico.

La mayoría de las personas no son conscientes de que nuestros problemas actuales persisten debido a la estrecha base a partir de la cual buscamos soluciones. En lugar de preguntarnos por qué existen estos conflictos en el nivel más fundamental, nos concentramos en "la punta del iceberg". Para poder salir de este marco de pensamiento se requerirá una profunda revolución de la conciencia. Obviamente, incluso aquellos que reconocen esta necesidad se atemorizan ante ella; se asustan ante la idea de tener que modificar su "estilo de vida". Sin embargo, el estilo de vida no es la faceta de nuestra existencia de la cual se ocupa la Kabbalah. Por el contrario, el kabbalista busca un cambio verdaderamente esencial y profundo de la conciencia humana.

Mediante este libro, y a través de toda nuestra obra, el Centro de Kabbalah acerca el estudio de la Kabbalah al mundo. Y con ello, no sólo se propone contribuir a que las personas alcancen estados alterados de conciencia, sino que también pretende ayudarles a crear sus propios escudos protectores, con los que puedan protegerse de un entorno hostil y caótico. Los objetivos específicos de nuestro trabajo incluyen el desarrollo y la expansión del marco general de referencia de la humanidad y, a nivel individual, la libertad de no tener que recurrir nunca más a expresiones como "buena suerte" o "mala suerte".

CONCIENCIA CÓSMICA

Desde el punto de vista kabbalístico, el secreto para tomar el control de nuestra vida yace en nuestra conciencia del cosmos, que es el factor de influencia predominante en todo lo que vivimos. Nuestros pensamientos, nuestras emociones y nuestro estado de salud mental y física influyen en nuestra vida y en la forma en que la vivimos, pero no son la fuente principal de las energías positivas o negativas que producen nuestra experiencia cotidiana del mundo.

Dicho de manera sencilla, hemos perdido el control de lo que nos sucede porque no somos conscientes de sus causas verdaderas. Y eso es lo que la Kabbalah ha venido a cambiar. La Kabbalah es un compendio de enseñanzas y herramientas espirituales que le confiere a cada ser humano el poder de controlar su propio destino. La Kabbalah nos enseña que no hay misterios. En la vida, no existen personas con buena suerte y personas con mala suerte. Saber esto, nos da la oportunidad de aprovechar el poder asombroso del cosmos, de "re-dirigir" la película de nuestra vida, e incluso nos permite volver a filmar algunas escenas para evitar los efectos secundarios que causan estragos en nuestra civilización y provocan caos y desorden en nuestra vida.

Actualmente, estamos en esa etapa de la existencia humana que la astrología kabbalística identifica como la Era de Acuario. A partir de ahora nos espera una realidad totalmente nueva. Pero antes, debemos dejar que la existencia misma de esta realidad entre en nuestra conciencia.

Así, al escribir estas palabras y completar estos capítulos, mi primera misión será elevar tu estado de conciencia para que tú puedas ser partícipe de la Era de Acuario. En realidad, esto no es nada complejo. Simplemente, se trata de ver el mundo —el mundo contemporáneo en el que vivimos— tal como realmente es.

El Poder en ti presenta la perspectiva kabbalística acerca de los males que aquejan a nuestra sociedad. Este punto de vista revela que cada ser humano crea sus propios y exclusivos campos de energía de satisfacción o insatisfacción. En otras palabras, tú creas tu propia película. Sin embargo, para crear una película que quieras ver —y en la que quieras actuar— primero debes abandonar la idea de que "allá arriba hay alguien a quien no le caigo bien".

Si en tu vida hay un entorno negativo, debes hacerte responsable de la situación. Debes ser consciente de que eres tú quien ha provocado esas manifestaciones, y de la influencia que éstas tienen en tu vida. Y lo que es más importante: así como las tensiones y las circunstancias negativas que aquejan a la humanidad se originan en los propios campos de energía de la humanidad, también debemos entender que las soluciones a estos problemas sólo surgirán de nuestros propios esfuerzos individuales.

El funesto historial de la "intervención externa" —ya sea química, psiquiátrica, quirúrgica o todo lo antedicho— da testimonio de la validez de este precepto. *El Poder en ti* muestra cómo recuperar el derecho fundamental a la autodeterminación. También describe de manera vívida cómo transformar el comportamiento reactivo y robótico en una experiencia de progreso consciente y autocontrolado hacia la plenitud.

CAPÍTULO UNO:
EL PODER DEL COSMOS

EL VERDADERO OBJETIVO

Una y otra vez, los libros sobre el desarrollo y el éxito personal hacen hincapié en la importancia de establecer objetivos bien definidos. Se les pide a los lectores, insistentemente, que hagan listas con sus objetivos, que lean ese inventario todos los días, e incluso que las peguen en el espejo del cuarto de baño y en otros lugares estratégicos de la casa. Estoy seguro de que muchas personas siguen estos consejos al pie de la letra, y tal vez escriben su deseo de tener un automóvil nuevo o una estimulante carrera profesional. Sin embargo, es muy probable que muy pocos individuos señalen su deseo de alcanzar uno de los objetivos más valiosos y difíciles de lograr. El objetivo al que me refiero es la paz mental; y nada es más difícil de conseguir en el mundo moderno.

¿Por qué es tan complicado alcanzar la paz mental? Permíteme ser muy claro en este tema: nuestro corazón y nuestra mente se ven atacados constantemente por el cosmos, y la serenidad interior no es demasiado compatible con este estado de guerra. Este bombardeo continuo de pensamientos —que parecen aleatorios, pero son generalmente de índole negativa— es incesante. Si tratamos de relajarnos tras un día difícil, no se nos permite el lujo de tener tranquilidad mental. Este bombardeo continúa cuando tratamos de dormir, y todavía sigue cuando nos levantamos por la mañana.

Para la mayor parte de las personas, poner fin a este ataque, aunque sea durante unos instantes, es una tarea realmente monumental. Después de un tiempo, la gran mayoría, simplemente se resigna a un estado de intranquilidad constante. La batalla es demasiado feroz para seguir librándola, y no hay alivio a la vista.

En medio de toda esta turbulencia, lo que resulta realmente sorprendente es que casi todas las personas experimentan el bombardeo de la negatividad como algo que se origina dentro de sí mismos. Sin embargo, hasta que no reconozcamos en qué medida estamos sujetos a esa negatividad, no podremos empezar a mejorar nuestro bienestar.

La Kabbalah puede responder a muchas de nuestras preguntas sobre las influencias cósmicas que son una constante en nuestra vida consciente y que también perturban nuestro sueño. Podemos preguntarnos, por ejemplo, si el cosmos influye en todas las personas y las afecta del mismo modo. Y si no es así, ¿por qué? En respuesta a estos interrogantes, los kabbalistas nos dicen muy claramente que todos recibimos la influencia de las energías astrales de manera diferente. ¿Qué determina, entonces, cómo y por qué los poderes cósmicos afectan a cada persona de un modo particular? ¿Qué factores nos obligan a pensar y a comportarnos de maneras que, más tarde, nos hacen mirar atrás y preguntarnos: "por qué hice eso" o "cómo se me pudo ocurrir semejante cosa"?

Para ocuparnos de estas preguntas, recurramos una vez más a la metáfora de la película. La Kabbalah nos enseña que la reencarnación —la película de las vidas pasadas— es responsable de quiénes somos, de lo que hacemos y de cómo nos sentimos. Nuestra creatividad, nuestras emociones y nuestra inteligencia son parte del guión de esta película, que se reproduce constantemente, en una u otra versión. La producción de estas nuevas versiones tiene inteligencia propia. Sobre la base de nuestros incontables actos pasados, tanto positivos como negativos, creamos una nueva versión de la misma película; y el proceso mediante el cual esto se lleva a cabo, está íntimamente relacionado con los cuerpos astrales y su disposición en el momento de nuestro nacimiento.

En resumen, obtenemos lo que pedimos; y debemos empezar a pedir algo radicalmente distinto en nuestra vida. Porque mientras no lo hagamos, el ataque cósmico continuará y se volverá más intenso. Es necesaria una transformación social y cultural absoluta, pero esto sólo puede ocurrir a nivel individual, una persona a la vez. En la Era de Acuario, ya no podemos depender de la intervención del gobierno ni de ningún otro organismo o autoridad para que nos rescate de la situación actual. En esencia, el problema es uno mismo, es cada persona, y la única manera de resolverlo es mediante el Poder en Ti.

LA MECÁNICA DEL PODER EN TI

¿Cómo funciona el Poder en Ti? El sistema nervioso humano y el cerebro conforman un mecanismo de infinita complejidad que —desde diferentes perspectivas— continúa resultando profundamente misterioso. La mente, por ejemplo, tiene la capacidad de traducir información del pasado remoto, así como de concentrar la atención en el futuro distante. En efecto, son estas características las que distinguen a las personas de los otros animales. Como seres humanos, nos vemos intrínsecamente atraídos por el cosmos. ¿Por qué? Porque el cosmos contiene los ingredientes necesarios para la plenitud humana. Es más, el cosmos se ocupa de compartir su beneficencia incluso con más fervor del que tenemos nosotros para recibirla. Tal como está escrito: "Más ganas tiene la vaca de amamantar que el ternero de succionar".

Sin embargo, entremezclado con este deseo intrínseco de compartir, el cosmos también contiene energía inteligente negativa. Como una interfaz, el cosmos comunica nuestras vidas pasadas con todo un complemento de actividad negativa y positiva. En nuestras interacciones con el entorno, se produce una acción recíproca entre el mundo cósmico celestial y nuestra propia experiencia de la realidad. Más específicamente, cada ser humano es la manifestación de dos realidades: la realidad positiva del alma y la realidad negativa, que abarca nuestros cinco sentidos y nuestros cuerpos físicos. Sin embargo, ten en cuenta que la negatividad no es lo mismo que el mal. La negatividad es, simplemente, la fuerza energética de la que debemos ocuparnos y que debemos vencer, a fin de conectarnos con la dimensión superior. La forma en la cual se manifiesta nuestra vida depende de cuál de las dos realidades domina nuestra conciencia.

En cuanto a las causas de los acontecimientos negativos de nuestra vida, es importante conocer la noción kabbalística del "Mal de ojo". Este concepto se refiere a que debemos tomar precauciones para evitar atraer la atención de fuerzas negativas. Como señaló Rav Shimón bar Yojái, las personas que tienen Mal de ojo llevan consigo una fuerza negativa destructiva; por consiguiente, otras personas deben estar alertas para no acercárseles. Un ejemplo bíblico que habla de un hombre con Mal de ojo es el caso de Bilaam, sobre quien está escrito: "Así fue llamado el hombre cuyo ojo está cerrado". Bilaam era un canal de energía negativa, y la fuerza negativa era atraída hacia donde él fijara su mirada. Consciente de esto, Bilaam procuraba fijar su mirada en la nación de Israel para poder destruir todo lo que contemplaba.

Aunque Bilaam buscaba un punto vulnerable hacia el cual pudiera dirigir su ataque cósmico, sus esfuerzos fueron en vano. El propio pueblo de Israel controlaba la energía inteligente negativa transmitida por el cosmos. Por tanto, la capacidad de Bilaam de canalizar este enorme poder de devastación fue detenida de inmediato. El pueblo de Israel no era vulnerable porque había creado un escudo protector con el que podía defenderse contra un ataque. Sin embargo, quienes no poseen un escudo como éste, pueden ser víctimas tanto del Mal de ojo como de otras influencias cósmicas negativas.

MÁS ALLÁ DEL TIEMPO Y EL ESPACIO

Según *El Zóhar*, se acerca el día en el que los secretos de la naturaleza ocultos durante mucho tiempo serán por fin revelados. Este conocimiento nos dará acceso al dominio que yace más allá del tiempo y el espacio. Nos proporcionará un marco para entender no sólo el universo visible, sino también aquello que existe más allá de lo perceptible, en el campo metafísico. En el mundo cotidiano, no nos cuesta identificar la realidad material. Tiene cuerpo y sustancia; podemos verla y tocarla. Pero si exploramos los fundamentos de lo que percibimos como realidad sólida y física, descubrimos que los componentes básicos de la naturaleza son algo totalmente distinto. Las partículas subatómicas ni siquiera ocupan lugares específicos en el tiempo y el espacio. Las propiedades fundamentales sobre las que está construido el mundo —en realidad— son ilusiones. La única certeza es el pensamiento, la energía inteligente, que compartimos en cada momento.

El reconocido físico británico Sir James Jeans resumió este concepto al afirmar: "El universo se parecía más a un gran pensamiento que a una gran máquina". Aquí es donde el kabbalista y el físico están totalmente de acuerdo, principalmente con respecto a la presencia del dolor físico y la enfermedad. La física moderna nos lleva a creer que no hay otra realidad más que el pensamiento. A su modo de ver, la calidad de "físico" en sí misma no es un fundamento, sino sólo una distracción. Nuestro entorno de enfermedad y sufrimiento se reconoce como una distorsión. Lo más importante de la condición física, es la forma en que interfiere en nuestros procesos de pensamiento, los cuales a menudo se vuelven totalmente confusos por su influencia.

Esta intromisión, es el poder del Deseo de Recibir Sólo para Sí Mismo, que puede identificarse como inteligencia material. En contraposición a esto, la energía inteligente del espíritu se conoce como el Deseo de Recibir para Compartir. El primero, es la fuerza material que causa estragos en el universo. Las enseñanzas kabbalísticas hacen hincapié en que ésta es la causa fundamental y esencial del caos en nuestra vida.

UN ESCUDO PROTECTOR CONTRA LA VULNERABILIDAD

El Zóhar nos dice que la falta de un escudo protector es el fundamento de toda desgracia. Sin embargo, con un conocimiento adecuado y preciso de la Kabbalah y la cosmología, podemos elevarnos por encima del influjo de las estrellas y las influencias cósmicas negativas. Para la mayoría de nosotros, un esfuerzo coordinado y una atención concentrada en las zonas cósmicas peligrosas son las primeras medidas de seguridad contra la serie de desventuras que aquejan a la humanidad en la actualidad. Cuando se dicta una sentencia que nos ordena pagar por actividades negativas del pasado, debemos estar preparados para que esa sentencia se exprese mediante las energías negativas que ya están presentes en nuestra mente y en nuestro cuerpo. Si los escudos protectores internos no están en su lugar, nos volvemos vulnerables al estrés, a las enfermedades y a todo tipo de desgracias. Sin embargo, en definitiva, la culpa es sólo nuestra.

¿Cómo podemos saber cuándo está a punto de dictarse una sentencia? Debemos estar alertas cada vez que se nos presenta la oportunidad de realizar una acción inmoral, un acto estrechamente conectado con el Deseo de Recibir Sólo para Sí Mismo. Si en ese momento fallamos en el proceso de *Tikún* — es decir, la corrección kármica que se lleva a cabo a lo largo de muchas vidas— creamos en nosotros mismos un vacío en el que el Creador no tiene presencia. Entonces, nos volvemos vulnerables a un ataque de la negatividad que existe en el cosmos, y no podemos saber qué forma adoptará ese embate.

Recuerda que este ataque es posible sólo por causa del vacío interior del cual ha sido excluida la benevolencia del Creador. Cuando esta benevolencia está ausente, se crea un espacio para que se manifieste el Deseo de Recibir Sólo para Sí Mismo. "Los semejantes se atraen" es una ley espiritual del universo. La oscuridad atrae oscuridad; el Creador atrae al Creador. El Deseo de Recibir Sólo para Sí Mismo es oscuridad, y por lo tanto atraerá negatividad. Pero el Deseo de Recibir para Compartir revela la unidad con el Creador, que es nuestra esencia verdadera. Esto elimina la vulnerabilidad y proporciona seguridad y protección.

Ninguna clase de vulnerabilidad debe ser vista como una consecuencia de la "mala suerte". La teoría cuántica nos ha enseñado a ver el universo como un tejido de pensamientos e interacciones unidos entre las partes de un todo unificado. El elemento más importante de la visión kabbalística del mundo es su conciencia de la unidad que subyace en todos los acontecimientos. En contraposición a esto, la visión del universo desde el lado negativo es de fragmentación y destrucción. ¿Qué enfoque prevalecerá en la vida de cada persona? La respuesta depende de nuestros propios actos y nuestra propia conciencia.

DESASTRES NATURALES

Con respecto a esta discusión acerca de la vulnerabilidad, me veo obligado a abordar el tema de los desastres naturales según la percepción del kabbalista. Algunos podrán argumentar que es mejor no tratar este asunto, para no provocar la ira de los fanáticos religiosos que declaran que "el Señor, en Sus maneras misteriosas, sabe y tiene Sus razones para regar destrucción en distintas partes de nuestro planeta". Pero, ¿realmente el Creador juega a los dados con los habitantes del mundo?

A menudo se denomina "actos de Dios" a los terremotos y a otros desastres naturales; sin embargo, esto implica que ni siquiera vale la pena considerar nuestra capacidad de ahuyentar o demorar tales episodios, o incluso evitar que se produzcan. No somos más que víctimas. Somos vulnerables, y no podemos hacer nada al respecto.

Al pensar en esto, es importante recordar un concepto que aparece repetidas veces en *El Zóhar*: "Lo que está abajo es como lo que está arriba, y lo que está arriba es como lo que está abajo". Este principio nos permite revelar la conexión entre lo que ocurre en las galaxias más lejanas, en la esfera subatómica muy por debajo del poder de nuestra percepción, y en el mundo físico, tal como lo experimentamos en nuestra vida cotidiana.

El Zóhar sigue diciendo:

> Una vez, Rav Isaac se acercó a una montaña, y allí vio a un hombre durmiendo bajo un árbol. Se sentó. De repente y de improviso, la tierra comenzó a temblar con violencia y se llenó de fisuras. El árbol fue arrancado de raíz y cayó al suelo. La tierra se elevaba y caía.
>
> Y el hombre que había estado bajo el árbol se despertó y se lamentó y lloró de congoja y pena. Porque en este

preciso momento un gran ministro celestial es designado en el Cielo, que originará grandes desgracias para el mundo. Este temblor de la tierra sirve como presagio y advertencia para ti. Entonces Rav Isaac sintió un temblor y dijo: "En verdad está escrito, por tres cosas tiembla la tierra. Por un siervo que llega a ser rey, por una mujer odiosa que se casa, y por una sierva que hereda de su señora".

Como revela *El Zóhar*, los terremotos son una manifestación de la caída de reyes, reinas y líderes políticos y de su reemplazo por representantes del lado negativo. El poder de la negatividad crece enormemente por acción del Deseo de Recibir Sólo para Sí Mismo y el resultado se expresa mediante desastres naturales. En otras palabras, nuestros propios actos, e incluso nuestros pensamientos y sentimientos, determinan el comportamiento de nuestro entorno.

Por eso, las fallas geológicas no son la principal causa de los terremotos. En realidad, los temblores son la consecuencia inevitable del comportamiento humano negativo. Si las actividades en beneficio propio se transformaran, primero, en la restricción del deseo egoísta, y segundo, en el Deseo de Recibir para Compartir, las fallas geológicas ya no representarían una amenaza para la costa de California, ¡y Las Vegas ya no viviría con temor de convertirse en la nueva costa occidental de los Estados Unidos!

De hecho, la visión del mundo de nuestra cultura debería ser revisada detenidamente y de manera integral. Galileo planteaba que los verdaderos científicos debían limitar sus estudios a las propiedades esenciales de las entidades físicas. A su modo de ver, sólo los factores que se pueden medir y cuantificar con precisión eran dignos de consideración. Las experiencias subjetivas — como el olfato, el gusto, el oído o la vista— debían excluirse del terreno de la ciencia. Pero al concentrar nuestra atención exclusivamente en las propiedades cuantificables, perdemos el contacto con el 99 por ciento de la realidad que nos rodea y nos envuelve. Y aunque en los niveles más avanzados del pensamiento científico, hace al menos 50 años que se asimiló el principio de incertidumbre de Werner Heisenberg, el público general ha ignorado el importante papel del "Yo" y sus percepciones en todo tipo de iniciativa científica.

ACTOS DE DIOS: SOMOS LOS ÚNICOS RESPONSABLES

Los principios básicos de la Kabbalah siempre han enseñado que somos los únicos responsables de lo que nos pasa y de lo que sucede en nuestro entorno. Sólo a nosotros —y no a una máquina— se nos ha otorgado un enorme poder para ejercer influencia sobre todo el planeta y el cosmos. Esta idea es revelada de manera sorprendente por *El Zóhar* al analizar el relato bíblico del Diluvio Universal: "Y el Señor vio que la tierra se había corrompido; porque toda la humanidad tenía una conducta corrupta sobre la tierra".

¿Cómo puede corromperse la tierra? ¿Se rige la tierra por las normas de castigo y recompensa? La respuesta es la siguiente:

dado que el hombre gobierna el mundo e influye en él, si su comportamiento y sus actos son malignos, infunde su espíritu maligno en la tierra. Cuando la humanidad comete pecado tras pecado, de manera abierta y flagrante, la tierra se comporta en consecuencia. Esto incluye a todos los llamados desastres naturales.

Los terremotos, las inundaciones, los tornados y los huracanes son el resultado "natural" de la *inclinación al mal* y la conducta maligna del hombre. Por supuesto, una vez que identificamos al hombre como la causa subyacente de estos desastres, se deduce que también el ser humano puede alterar estos eventos, o incluso impedir que ocurran. Sin embargo, la gran mayoría no sabe qué es lo que mantiene el funcionamiento correcto del mundo —o de sí mismos— o no reflexiona sobre ese tema.

Cuando el Creador hizo el mundo, creó los cielos de fuego (energía negativa, que la Kabbalah llama la Columna Izquierda) y del agua (energía positiva, o lo que la Kabbalah llama la Columna Derecha). Estos elementos estaban mezclados y no existía armonía entre ellos. Más tarde, fueron reunidos en un todo unificado por el poder equilibrador de la Columna Central.

Sin embargo, cuando se elimina el poder de la Columna Central, los elementos de la Creación se estremecen y se agitan, y tiembla el mundo. Tal como está escrito: "Él sacude la tierra fuera de su sitio, y se estremecen los pilares de ésta". Pero cuando se activa la fuerza de la Columna Central, las tres columnas sostienen al mundo, que permanece en estado de equilibrio.

En resumen, *El Zóhar* explica muy claramente que aquellos actos que siempre han sido definidos como "actos de Dios", en realidad son una corrupción del proceso creativo. Nosotros mismos provocamos los desastres naturales, y tenemos el poder de detener estos fenómenos y evitar que ocurran. Y si el mundo que nos rodea es tan maligno, nosotros —igual que hizo Noé— podemos hacernos cargo del asunto, por nuestra seguridad y la de nuestras familias. A Noé se le enseñó cómo construir un escudo protector que lo aislaría de la devastación provocada por el Diluvio Universal. El Arca es un símbolo y una manifestación de la fuerza todopoderosa mediante la cual se contuvieron las aguas del diluvio. Mientras todo moría alrededor de Noé, él se mantuvo con vida.

Que esta sea una lección para nuestra generación, que ha estado expuesta a tantos desastres "naturales" y provocados por el hombre. No debemos limitarnos a tener la esperanza y rezar cada día para ser contados entre los "afortunados" o entre los sobrevivientes. Podemos y debemos hacer algo al respecto. Específicamente, debemos usar las herramientas y enseñanzas de la Kabbalah para asegurarnos de que nuestros pensamientos y actos nos conecten con las fuerzas de lo positivo y con el equilibrio de la Columna Central.

CONDUCTAS ADICTIVAS

Según la visión del mundo anticuada y materialista, la naturaleza no es más que una máquina que funciona fuera de la esfera de la participación humana. En el siglo XVII, Johannes Kepler formuló las leyes empíricas acerca del movimiento planetario como resultado de su estudio de las tablas astronómicas. Galileo realizó experimentos para descubrir las leyes de la caída de los cuerpos. Más tarde, Isaac Newton describió las leyes universales de la gravitación. Sin embargo, en el siglo XX, los científicos de repente descubrieron algo que desafiaba a su capacidad de entender el universo. En su lucha por comprender la nueva realidad de la física subatómica, se dieron cuenta de que, lamentablemente, su entendimiento básico de la naturaleza, así como sus formas básicas de pensamiento, resultaban insuficientes para describir la estructura de nuestro entorno natural. Sin embargo, el público general todavía no se ha visto en la obligación de hacer frente a estos incómodos hechos.

Por consiguiente, la mayoría de la población ha sido programada para creer que la extrapolación de las leyes y los principios de nuestro universo es un asunto que compete a la ciencia y el gobierno, no un proyecto apropiado para el individuo. En otras palabras, estas personas consideran que esa es una tarea que está más allá del poder de cada uno, del Poder en Ti. Si nuestra actitud actual es de impotencia y desesperanza, es porque nosotros como individuos no hemos visto ni entendido nuestro propio y verdadero poder e importancia. Por tanto, no hemos encontrado un motivo para tomar responsabilidad por nuestros actos.

Tal vez nos encontremos diciendo: "¿En qué cambia realmente que yo entienda el universo, el mundo o incluso el entorno de mi vecindario? Sé que hay problemas ambientales graves, ¡pero estoy seguro de que la ciencia se ocupará de ellos sin ninguna ayuda por mi parte!". Esta es una forma de pensar generalizada:

una sensación de impotencia, combinada con la discutible suposición de que los que tienen "la autoridad" se ocuparán de resolverlo todo.

A la gran mayoría de las personas, se nos ha dado a entender que somos incapaces de intervenir en el universo en algo que no sea asuntos a muy pequeña escala; de modo que, simplemente, creemos que nadie debería molestarse en hacerlo. Sin embargo, existen pruebas a nuestro alrededor de que, aquellos a quienes hemos confiado nuestro poder, no han logrado crear una sociedad libre de violencia, sufrimiento, dolor y caos generalizado.

EL PODER DE LA UNIDAD

En la sala de juntas de un fabricante multinacional de plásticos, un director de ventas proyecta con entusiasmo una serie de diapositivas. Cada diapositiva muestra nuevos productos y materiales de embalaje, todos hechos de plástico. Muy pronto no será necesario que los alimentos que consumimos se distribuyan en pesados y voluminosos envases de papel ni en latas de metal. Bandejas, bolsas y nuevos recipientes más livianos, contendrán una gran variedad de comestibles, desde comidas precocinadas hasta alimentos para bebés. Con el tiempo, obviamente, se planteará por fin la pregunta: "¿Alguno de estos plásticos es biodegradable?". Sin embargo, en la actualidad, por comodidad, las preguntas relativas a nuestro futuro bienestar —y el de este planeta— se postergan.

Dado el estado crítico de nuestro medio ambiente, no quedan dudas de que ya no podemos permitirnos el lujo de ejercer lo que yo llamo "miopía humana". Ya no podemos ignorar los efectos que pueden tener a largo plazo las nuevas tecnologías en nuestro planeta. Nuestra miopía y nuestra vista de corto alcance nos han obligado a vivir en un constante estado de gestión de crisis. Las tecnologías que hemos creado están perturbando gravemente la ecología del medio ambiente de nuestro planeta. El envenenamiento de nuestros suministros de agua y la contaminación del aire que respiramos a causa de los desechos químicos tóxicos, representan graves amenazas para nuestra existencia misma.

Las enormes cantidades de desechos contaminantes son resultado directo de una vista de corto alcance. Las empresas químicas, han intentado repetidas veces ocultar los riesgos de sus procesos industriales y sus residuos contaminantes. En consecuencia, el tejido de la vida que se desarrolló durante generaciones, está ahora desapareciendo con rapidez. Cuando cae lluvia ácida en nuestros ríos, lagos y océanos, es absorbida por peces, plantas y otras formas de vida, y de ese modo se contamina todo el ecosistema, aunque los efectos tal vez no se sientan hasta dentro de muchos años. Más aún, una serie de graves accidentes nucleares ya han aquejado a nuestro planeta. Grandes catástrofes como la de Chernóbil han provocado graves destrozos o se han evitado por poco. Ya que la codicia humana propicia la aceleración de los accidentes nucleares, debemos preguntarnos: "¿Cómo vamos a eliminar los desechos nucleares en el futuro?". Cada reactor nuclear produce al año toneladas de desechos radiactivos, que permanecen tóxicos durante miles de años. La gente debe tomar conciencia de que todavía no se ha encontrado ningún método permanente y seguro para su eliminación.

Ni los individuos ni las empresas responsables de estos peligros sienten remordimiento o dolor cuando vierten miles de compuestos químicos contaminantes en nuestra tierra, ríos y océanos. La miopía humana impide que estas personas irresponsables se planteen los problemas que están generando para las generaciones futuras y para su propia descendencia. Desde un punto de vista kabbalístico, el problema de este razonamiento es el siguiente: si, en efecto, la codicia genera miopía humana, estos individuos no han puesto en peligro sólo a las generaciones futuras sino también a sí mismos, ya que se convertirán en víctimas de sus propios actos irresponsables al ser reencarnados en la misma "escena del crimen". Debemos ser conscientes permanentemente de que nuestro universo no existe en un estado fragmentado, sino que tiene una dirección unificada. Las malas acciones tienen consecuencias que afectan a los autores de esos hechos. Estos perpetradores, en otras palabras, nunca quedan impunes. Al contrario, sufren las consecuencias de sus actos, a menos que corrijan esas conductas en el presente o en vidas futuras. La visión kabbalística del mundo, junto con sus enseñanzas y doctrinas, puede promover una revolución informativa en la gente, que inevitablemente forzará y generará un cambio; y este cambio, debe ser nada menos que una revolución cultural.

Mi visión poco alentadora acerca del estado de nuestra salud y bienestar físico se debe a dos motivos. Primero, porque hoy estamos al borde de un colapso ambiental global. Los peligros han alcanzado proporciones épicas, hasta tal punto que ni la intervención de la medicina ni del gobierno puede garantizar una sociedad saludable. En segundo lugar, debemos admitir que a pesar de las muchas y nefastas advertencias que se han hecho respecto al futuro de nuestra salud y el daño al medio ambiente, todavía existe un estado de equilibrio dentro del cosmos. La enfermedad y la conducta humana negativa, desde una perspectiva kabbalística, no son procesos aislados. Cuando hacemos uso de la negatividad que existe en el cosmos, el resultado es la enfermedad y la falta de armonía.

La naturaleza de todas las cosas que existen puede ser de dos tipos: o está en equilibrio y en armonía con el cosmos, o a la inversa, está en un estado de falta de armonía respecto a los principios fundamentales de una realidad cósmica dinámica.

A fin de aplicar nuestro análisis del modelo kabbalístico al desarrollo de un enfoque holístico cuántico que contempla la interconexión y la interdependencia universal, primero debemos plantearnos dos preguntas. Buscamos un enfoque "integral" en nuestros patrones de vida, y en este marco debemos indagar: ¿Hasta qué punto la visión kabbalística es integral? ¿Qué aspectos pueden adaptarse a nuestro contexto cultural y a nuestro medio ambiente?

Desde una perspectiva kabbalística, todo lleva a una conclusión. Ésta es la realidad metafísica cuántica, cuya esencia es: "Ama a tu prójimo como a ti mismo". Rompe la falsa distinción entre lo que es mejor para ti y lo que es mejor para el resto de los seres humanos y el hábitat que te rodea. Cuando la humanidad logre hacer este cambio en su mentalidad, el universo entero —lo visible y lo invisible— se revelará como un único todo unificado.

LA CIENCIA Y EL MUNDO DE LOS NEGOCIOS

La influencia del mundo de los negocios ha acarreado un desequilibrio alarmante en todas las facetas de la iniciativa científica. Así como las empresas petroquímicas han convencido a la industria agrícola de que nuestro suelo necesita cantidades enormes de sustancias químicas, las compañías también han convencido al sector de los profesionales de la medicina de que para que el paciente goce de una buena salud debe someterse a continuos tratamientos farmacológicos.

Pero no escribí este libro para ridiculizar al mundo de los negocios, la comunidad científica o la profesión médica. Al contrario, mi intención aquí es doble.

En primer lugar, quiero elevar el grado de conciencia de la humanidad a fin de sensibilizarla respecto a lo que está pasando entre nosotros. Si creemos en las estadísticas del cáncer, las enfermedades cardíacas, la artritis y otras enfermedades similares, parece que la mayoría de los estadounidenses no gozan de una salud perfecta, ni siquiera satisfactoria. Y aunque todavía hay quienes sostienen que todo va bien, día tras día algo nos recuerda la gran cantidad de amenazas de otro tipo que nos impiden vivir seguros en nuestros hogares o caminar por nuestras calles, sin preocuparnos por ataques de drogadictos o terroristas.

En segundo lugar, quiero lograr que la humanidad tome conciencia del sistema atemporal que presentó Rav Shimón bar Yojái en *El Zóhar*, y que Rav Isaac Luria analiza en detalle en sus obras *Las Puertas de la Meditación* y *Las Puertas del Espíritu Santo*. Estas obras nos brindan las herramientas con las que podemos alcanzar un control absoluto y completo de nuestro espacio interior, aun cuando todo lo que está fuera de nosotros esté derrumbándose.

Richard Feynman, el reconocido físico teórico, planteó la siguiente pregunta en un discurso que pronunció ante alumnos del Instituto Tecnológico de California: "¿Qué significa 'entender algo'?". La comprensión de Feynman de las limitaciones humanas, sumada al reconocimiento de que usamos tan sólo el cinco por ciento de nuestro poder mental, lo llevó a la siguiente conclusión:

> Imaginemos que este complicado conjunto de cosas en movimiento que constituyen "el mundo" es algo parecido a un gran partido de ajedrez que juegan los dioses, y que nosotros somos meros observadores. No sabemos cuáles son las reglas del juego; sólo se nos permite mirar. Si miramos durante el tiempo suficiente, al final tal vez entendamos algunas reglas. Cuando hablamos de la física fundamental, nos referimos a las reglas del juego. Sin embargo, aunque conozcamos todas las reglas, lo que en verdad podemos explicar aplicándolas es muy limitado, porque casi todas las situaciones son tan tremendamente complicadas que no podemos seguir las jugadas usando las reglas, y

mucho menos saber qué va a pasar después. Por eso, debemos limitarnos a la cuestión más básica de las reglas del juego. Si conocemos las reglas, consideramos que entendemos el mundo.

AGUA: "TOMA TU BASTÓN Y EXTIENDE TU MANO..."

Dada la contaminación ambiental que aqueja a nuestro planeta, suena como un extraño cuento de ciencia-ficción afirmar que las personas familiarizadas con las doctrinas kabbalísticas pueden disfrutar -y disfrutarán- de agua fresca y no contaminada, mientras que otra gente buscará agua fresca sin encontrar ni una gota. Pero la Kabbalah no considera que esta afirmación vaya más allá de las posibilidades humanas.

La Biblia dice: "Toma tu bastón y extiende tu mano sobre las aguas de Egipto, sobre sus ríos y canales... y que se conviertan en sangre". Y por su parte *El Zóhar* pregunta: "¿Cómo fue posible esto? ¿Pudo extenderse un bastón sobre todo el país de Egipto que hiciera que todas las aguas se convirtieran en sangre?".

La explicación es la siguiente: se hace referencia al Río Nilo, y al hecho de que Aarón sólo tuvo que golpear las aguas de ese río para que todas las otras aguas se vieran afectadas. Lo que queda claro es el efecto cuántico de Aarón y su conciencia espiritual. El dominio de Aarón sobre la enorme extensión del cosmos quedó demostrado cuando todas las aguas de Egipto fueron contaminadas con sangre. No fue necesario que Aarón tocara directamente cada uno de los ríos de Egipto.

Examinemos ahora otro fenómeno presentado en *El Zóhar*. El firmamento en el que están suspendidos el sol, la luna, las estrellas y los signos del zodíaco es donde reside la energía inteligente del agua, y desde el cual la tierra recibe la lluvia. Luego, el agua es esparcida y distribuida por todas partes. Sin embargo, cuando prevalecen las energías inteligentes negativas sobre el universo, los mundos inferiores o físicos no nutren ni aprovechan las energías inteligentes positivas del firmamento superior, del sol y la luna.

El Zóhar lo expresa de esta manera: "La espada del Creador está llena de sangre. Ay del que deba beber de esta Copa".

Esta frase breve nos da una idea de la profunda diferencia entre una interpretación superficial y convencional del texto bíblico, y su comprensión como un código cósmico por parte de los kabbalistas. La energía inteligente de cada versículo bíblico incide en la interacción dinámica del universo. Si el universo entero se concibe como una máquina enorme y compleja, el hombre es el técnico que hace girar los engranajes de este motor, cargándole combustible en el momento apropiado. La energía inteligente de la actuación y la actividad del hombre es esencialmente lo que suministra este combustible. Por tanto, la presencia del hombre es vital, ya que se despliega sobre un trasfondo de infinitud cósmica. La concepción mística de la Biblia es esencial para entender el cosmos, sus leyes y principios. La Biblia debe verse como un vasto corpus symbolicum de todo el mundo. A partir de este código cósmico de la realidad de la Creación, el misterio indescriptible del reino celestial surge y se vuelve visible.

AGUA Y NEGATIVIDAD

Cuando dentro del cosmos prevalece la energía negativa de la humanidad, el agua se convierte en sangre u otra forma de contaminación. En otras palabras, la materia o la sustancia material está sujeta al dominio de las energías inteligentes positivas o negativas que imperan en un momento dado. Las tres fuerzas fundamentales de nuestro universo —el Deseo de recibir, el Deseo de compartir y la Restricción— están contenidas en un átomo, y se expresan y se manifiestan físicamente en todas las formas materiales.

Estas tres fuerzas, denominadas en la física como electrón, protón y neutrón, describen las energías inteligentes del pensamiento intrínseco. El electrón pone de manifiesto la energía inteligente de recibir, o la Columna Izquierda. El protón expresa la energía inteligente de compartir, o la Columna Derecha. La tarea misteriosa de los neutrones yace en la unificación de las dos fuerzas opuestas, protón y electrón. En la visión kabbalística, la característica inherente del neutrón consiste en el poder de Restricción frente al Deseo de Recibir Sólo para Sí mismo.

La amenaza de la polución y la contaminación es el mayor peligro al que se enfrenta la humanidad hoy en día. Sin embargo, nuestra crisis actual es el resultado directo de la capacidad de la humanidad de invadir la estructura atómica. La preponderancia de la actividad humana negativa ha hecho que la negatividad ejerza su dominio en todo el cosmos. Por consiguiente, la polución y la contaminación reflejan este desequilibrio dentro del universo.

El agua está influenciada y controlada por una energía inteligente positiva, el protón. Sin embargo, dada la enorme actividad humana negativa que se entrelaza por cada tejido de nuestras vidas, no es de extrañar que las fuerzas de la energía inteligente negativa del agua hoy sigan teniendo el control de lo que comemos, lo que bebemos y de nuestro entorno global en su totalidad.

La situación a veces parece desesperante, sin remedio a la vista. Y si no fuera por el conocimiento kabbalístico, la futura ecología de nuestra civilización podría permanecer en peligro y el fin de la Tierra podría ser una realidad previsible. Pero, para quienes siguen las doctrinas de la Kabbalah, el futuro no resulta tan desalentador como podría imaginarse.

El pasaje de *El Zóhar*, tantas veces citado, "Pobres de los que vivan en esa época [la Era de Acuario], pero felices de los que vivan en esa época", da fe de una realidad cósmica dual. Así, parece haber un cosmos dentro de otro cosmos. Las enseñanzas de la Kabbalah nos ofrecen una oportunidad de separarnos de la realidad cósmica física contaminada y de conectarnos con el todo unificado que todo lo abarca. "El Señor —señaló Einstein— no juega a los dados con el universo". No es un productor cruel e indiferente, insensible a las necesidades de la humanidad. A pesar de nuestras abrumadoras frustraciones globales, ¡podemos hacer algo por nuestra vida y por el mundo!

ESTO YA SUCEDIÓ ANTES

Una situación parecida a la que nos enfrentamos actualmente —en la que el mundo entero está dominado y controlado por fuerzas negativas— se describe en la Biblia, cuando se hace referencia al período del Éxodo y el Reino Medio de Egipto. La idea de las dos realidades cósmicas está explicada en mayor detalle en *El Zóhar*. El destino de Egipto se manifestó en las aguas del Nilo, y el castigo fue impuesto desde arriba y desde abajo. El pueblo de Israel, conectado con la energía inteligente positiva, bebió agua. Los egipcios, atraídos hacia la energía negativa, bebieron sangre.

La separación de las dos realidades del universo se revela de modo sorprendente en la interpretación que hace *El Zóhar* de la Plaga de Sangre. Los Israelitas no se vieron afectados en absoluto por la conversión de las aguas en sangre. Es más, el control del agua que tenía el pueblo Israelita se extendía más allá de su entorno inmediato. En virtud del efecto cuántico, se aseguraron de que el agua que compraban a otros Israelitas, una vez purificada, permaneciera en perfecto estado incluso cuando fuera consumida por los egipcios. Este pensamiento alentador del Código Bíblico —y la Kabbalah, la herramienta para descifrar ese código— es precisamente lo que será necesario en nuestra Era de Acuario.

El verano de 1988, por ejemplo, fue una revelación de lo que vendría. El océano se estaba retirando. Los desechos médicos comenzaron a aparecer en las playas, arrastrados por la corriente, desde Long Island hasta la costa de New Jersey. Finalmente se logró controlar el problema, pero en el esfuerzo por restaurar nuestros océanos y campos, como en otras luchas en pos de un ambiente más puro, ganamos la batalla pero perdimos la guerra. Tan pronto se logra una pequeña victoria, las fuerzas de la codicia y la negatividad humanas se ponen a trabajar en contra.

Tal vez estas primeras luchas por el medio ambiente lleven finalmente a una toma de conciencia global de que, en definitiva, toda la humanidad sufre de apetitos incontrolables. Tal vez este grado de contaminación y polución sirva como estímulo para que todas las personas se unan contra el enemigo común: la codicia y el Deseo de Recibir Sólo para Sí mismo. Tal vez el impacto que ha generado la codicia provoque un giro de 180 grados en nuestro respeto por la humanidad y por todos los habitantes del planeta Tierra.

La invasión del espacio marítimo a través de nuestro continuo vertido de toxinas humanas, desechos radiactivos y químicos, regresa ahora para atormentarnos. No parece haber escapatoria de esta realidad. Sin embargo, en la Kabbalah yace la salvación de la Tierra. Tal como está escrito en *El Zóhar*:

> Pero los que son sabios entenderán, porque están del lado de Biná (la Inteligencia), que es el Árbol de la Vida. Y por estas personas sabias está escrito en Daniel: "Los hombres sabios resplandecerán como *El Zóhar* (esplendor) del firmamento, y los que son instrumentos responsables de que muchos otros encuentren la virtud espiritual serán tan numerosos como las estrellas por los siglos de los siglos". Sólo en virtud de tu

libro, Rav Shimón bar Yojái, que es el Libro del Esplendor (*Zóhar*), Israel comerá del Árbol de la Vida, que es el Libro del Esplendor (*Zóhar*). ¡Sólo mediante el instrumento de *El Zóhar* la humanidad será liberada del exilio con piedad!

Con respecto a la llegada de ese día, *El Zóhar* abriga más esperanza que la ciencia, que debe basarse principalmente en el azar y las probabilidades. *El Zóhar* puede proporcionar un vínculo directo con la energía inteligente universal, y puede presentar el mundo de la metafísica como una ciencia exacta, pero accesible. La Kabbalah tiene respuestas para muchos de los aspectos más enigmáticos de la naturaleza, y sin embargo conserva su elegante simplicidad.

La visión de nuestro universo presentada en *El Zóhar* trasciende lo físico y ocupa un marco que yace más allá del tiempo y el espacio, mientras que la era moderna de la física permanece fija y limitada a la visión presentada por Einstein. La visión kabbalística de la realidad que hemos explicado se basa en una comprensión profunda del relato y las historias de la Biblia.

En efecto, las descripciones que ofrecen la Biblia y *El Zóhar* pueden parecer muy similares a las que brindan los cosmólogos modernos. Esas descripciones hacen hincapié en sistemas de energía inteligente asombrosamente parecidos a los que los kabbalistas conocen como el Árbol de la Vida:

> Dijo Rav Elazar: El Señor un día restablecerá el mundo y reforzará el espíritu de los hijos de los hom-

bres para que prolonguen sus días para siempre. Como está escrito: "Porque mi pueblo vivirá tanto como los árboles".

Esta es una alusión a Moisés, a través del cual fue entregada la ley y se concedió vida a los hombres con el Árbol de la Vida. Y ciertamente, si los Israelitas no hubieran pecado con el Becerro de Oro, habrían sido inmunes a la muerte, ya que habrían recibido el Árbol de la Vida.

EL PREDOMINIO DE LA CONDICIÓN FÍSICA

La preponderancia de la apariencia física es un hecho de la vida cotidiana del que no pueden escapar ni el científico ni el kabbalista. Ambos deben volver siempre desde sus laboratorios o sus estados contemplativos de conciencia, a lo que ha sido denominado como el mundo de *bots* (barro).

Por el momento, esta condición física mantiene su dominio gracias a que rara vez, o nunca, se ve afectada ni siquiera un poco por los descubrimientos de la ciencia o de la Kabbalah. El Jefe del Servicio de Sanidad reúne infinidad de pruebas de laboratorio que alertan sobre el perjuicio que causa el tabaco y, sin embargo, millones de personas siguen fumando. El kabbalista vuelve de su meditación para ofrecer la doctrina de la Restricción, a fin de producir efectos positivos tanto para el individuo como para el mundo, y sin embargo millones de personas siguen ignorándolo.

¿Por qué? Porque no podemos diferenciar lo que es real de lo que es ilusión. El aire que respiramos no ha adoptado una apariencia distinta con el tiempo. Lo que comemos a diario se ve incluso mejor y más reluciente que antes. Hasta el empaquetado ha mejorado. A simple vista, el agua ha conservado su color y sabor. A parte de los análisis de laboratorio, nada ha cambiado realmente. La incesante búsqueda de la ciencia moderna de los fundamentos que subyacen en las apariencias externas, le ha otorgado nueva validez a la creencia de que las apariencias físicas pueden ser una ilusión engañosa.

Por cierto, ahora estamos empezando a "leer entre líneas". Pero entre líneas no hay nada más que lo que podemos observar. Solemos usar expresiones que no examinamos con la seriedad suficiente. Sin embargo, la ciencia finalmente está alcanzando cierto grado de toma de conciencia. Hasta los científicos ahora están de acuerdo en que no podemos dejar de considerar la realidad física como ilusoria.

Más específicamente, los científicos no son capaces de ofrecer una descripción completa de "la realidad" que pueda demostrarse en el laboratorio, ni son capaces de poner a prueba "la realidad" de manera eficaz, recurriendo a la tecnología. Al parecer, la existencia física manifiesta debe dominar nuestros pensamientos y conductas, quedando excluidas la realidad no física y la causalidad subyacentes.

La pregunta fundamental es: "¿Cómo vamos a existir en dos mundos, el físico y el metafísico?". Siempre debemos ser conscientes de que aquello que percibimos en nuestro nivel terrenal, debe estar en equilibrio y armonía con el Deseo de Recibir para Compartir. Debemos procurar constantemente que nuestros actos diarios estén en armonía con los aspectos del compartir.

LA FUERZA PRIMARIA ES EL PODER EN TI

Siempre debemos ser conscientes de que nuestro cuerpo físico está constituido por átomos, y que estos átomos están compuestos, en un 99%, de espacio vacío. ¿Y qué son los átomos sino energía inteligente? A pesar de los esfuerzos del mundo científico por describir el poder de la mente como algo que no tiene incidencia en el funcionamiento del cosmos, los kabbalistas siguen exclamando: "¡No es así!". La Kabbalah siempre ha enseñado que la humanidad es la fuerza central del cosmos. La Biblia decretó que, sin duda, el hombre podría alterar la influencia del orden cósmico, y que eso sucedería. El Creador reconoció la necesidad de un cosmos que contemplara la existencia de la mente como una entidad aparte; una mente que es capaz de actuar sobre la materia y hacer que ésta se comporte violando aparentemente las leyes naturales.

El Zóhar dice que el Señor creó dos sistemas básicos de energía: uno con un poder para el bien y otro con un poder equivalente para el mal. Y estos dos sistemas principales son capaces de ejercer influencia cósmica sobre el hombre. Entonces comenzó la batalla entre el bien y el mal.

La idea del bien y el mal surgió con el Árbol del Conocimiento del Bien y el Mal en el Libro del Génesis. La humanidad le debe su existencia corpórea al pecado de Adán. Con la contaminación de toda la materia física ocasionada por su conexión con el Árbol del Conocimiento del Bien y el Mal, Adán cortó la conexión entre la humanidad y el Árbol de la Vida. Hasta ese momento, el mundo superior y la existencia terrenal eran un mismo concepto y estaban en perfecta armonía. Las fuentes y los canales a través de los cuales todo lo que estaba en la región celestial superior fluía hacia los terrenos inferiores permanecían todavía activos y completos, y eran totalmente compatibles. Todas las formas de existencia corpórea estaban en perfecta armonía entre sí y con el Creador.

Sin embargo, cuando Adán pecó, se cortó la conexión cósmica, y el orden de las cosas se convirtió en caos. Sencillamente, la energía comenzó a ser muy difícil de manejar. Una energía cruda y descarnada, de tal intensidad, no fue hecha para este mundo. El proceso de pensamiento del Árbol de la Vida estaba más allá de los límites del tiempo, el espacio y el movimiento. El reino del Árbol del Conocimiento del Bien y el Mal, con todos sus factores restrictivos, era insuficiente para canalizar la comunicación celestial. Por consiguiente, el texto bíblico sigue diciendo: "[...] se hicieron vestiduras, cosiendo hojas de higuera". Esto fue necesario para poder manejar la energía inteligente primaria que comenzaba a imperar. Esta situación no es distinta de la que enfrentan los astronautas de hoy, que necesitan trajes espaciales para protegerse de los peligros de la radiación.

Cada alma conserva su existencia sólo en relación a su capacidad de mantener la energía inteligente del Creador. Cuando Adán y Eva fueron súbitamente apartados del Creador como consecuencia de su actividad pecaminosa, dejaron de estar en armonía con la interacción dinámica del todo abarcador. Su incapacidad para manejar la intensidad de la presencia del Creador los dejó desnudos. Por eso, la propia conducta de la humanidad, contaminada y pecaminosa, subyace en la crisis a la que nos enfrentamos hoy en día.

Para ser más exactos, la división del átomo y todo lo que ésta ocasionó es un escenario que fue creado por el pecado de Adán. Cada acto individual del hombre es transportado por los canales del cosmos, lo sepamos o no. Cada terremoto, cada supernova, cada guerra es resultado directo de la violencia y el odio que brotan del corazón del hombre. Tenemos a nuestro alcance la capacidad de re-crear el Edén. En cambio, construimos cabezas nucleares y nos preparamos para la guerra. Las naciones en guerra descargan su venganza unas contra otras hasta agotar sus recursos y quedar destruidas. E incluso cuando ya se ha disipado la niebla del odio, el caos y el sufrimiento de cada familia permanecen. La humanidad debió haber reconocido hace mucho la inutilidad de la guerra y el odio, pero la envidia y el Mal de ojo persisten tercamente. Desde luego, la polución y la contaminación, junto con todas las otras manifestaciones de la negatividad humana, pueden eliminarse mediante la capacidad del hombre de cambiar sus hábitos, y de dirigirse hacia un enfoque más positivo. ¿Cómo? A través de las enseñanzas de la Kabbalah en general, y en particular a través de la *Restricción* del deseo egoísta (ver capítulo 2) y el poder de compartir.

LUZ CIRCUNDANTE: MÁS ALLÁ DEL MUNDO VISIBLE

Antes dijimos que la Kabbalah proporciona las herramientas y las enseñanzas que pueden ponernos en contacto con nuestra conciencia del alma. Ahora concentremos nuestra atención en la forma que todo lo abarca de la energía inteligente, conocida como la Luz Circundante.

Los kabbalistas nos dicen que nadie que viva en el campo físico puede entrar en contacto directo con Dios. La inmensidad de la realidad del Creador es, simplemente, demasiado poderosa. Por eso, la Kabbalah se refiere a "la Luz" como los niveles de la energía del Creador que podemos experimentar en el mundo físico. Cuanto más alcancemos el potencial del alma, más Luz podremos revelar en nuestras vidas.

La Luz Circundante comienza donde termina la conciencia del alma, y se extiende más allá de la conciencia del alma de toda la humanidad. La Luz Circundante es la conciencia del universo que todo lo penetra, en la que la información del pasado, del presente y del futuro se encuentran como un todo unificado. Durante casi un siglo, los físicos nos han informado de que nuestra conciencia percibe sólo una fracción diminuta de lo que ocurre a nuestro alrededor. Aun con los telescopios más poderosos, sólo podemos ver una parte minúscula del universo; y a la inversa, hasta el microscopio electrónico más potente revela sólo una fracción infinitesimal de la actividad que se registra en el plano atómico, y absolutamente nada del campo subatómico. Sería necesario ampliar una manzana al tamaño de la Tierra para que pudiéramos ver uno de sus átomos a simple vista. Y bajo esa dimensión atómica yace todavía otro mundo, cuyas medidas son, por varios órdenes de magnitud, incluso más pequeñas que el más minúsculo de los átomos.

En el mundo observable —esta fracción minúscula del espectro inmenso de la existencia— nos cuesta mucho encontrar algo que se parezca, aunque sea vagamente, a la verdad fundamental. En efecto, el kabbalista te dirá que buscar la verdad en este mundo de ilusión es como tratar de encontrar una partícula subatómica en un pajar. En resumen, nuestros cinco sentidos definitivamente no son de fiar como jueces del mundo que nos rodea.

Sin duda, a todos nos ha pasado alguna vez que, en una habitación con otras personas, se oye un sonido y cada uno de los presentes cree que éste proviene de una dirección distinta. Los aromas y aditivos químicos pueden engañar fácilmente al sentido del gusto, así como al del olfato, estrechamente relacionado con el primero. Nuestro sentido del tacto tampoco es mejor juez de la realidad; las bromas habituales en las agrupaciones de estudiantes universitarios que incluyen una venda para los ojos, un cubo de hielo y la insinuación sobre un incendio, son una prueba de ello. El gusto, el tacto, el olfato, la vista, el oído: todos nuestros sentidos nos engañan. Entonces, ¿por qué tenemos tanta fe en ellos? ¿Y a qué podemos recurrir para encontrar la verdad?

Cuando los sabios de la Kabbalah nos dicen que gran parte de lo que sucede en este universo está más allá del ámbito de nuestros sentidos, e incluso más allá de nuestro entendimiento, saben bien de lo que hablan. Por supuesto, bien podrías preguntarte: "¿Por qué es necesario —o incluso prudente— considerar aquello que no podemos ver nunca?". La respuesta es que la Kabbalah procura entender la fuente de todas las cosas. Para el kabbalista, aceptar el mundo observable como la totalidad de la existencia, significa engañarse a uno mismo y perderse la inmensa mayoría de las posibilidades que ofrece la vida.

Los factores que a menudo provocan tanto caos en los sucesos cotidianos, pueden evitarse cuando existe una conexión con la Luz Circundante dentro de nuestra conciencia. Una vez que comenzamos a reconocer la Luz Circundante súper-consciente como un aspecto esencial del desarrollo de una vida plena, el caos ya no puede provocar ira, frustración ni desconcierto. De repente, alcanzamos un nivel de conciencia en el que empezamos a experimentar asombro y admiración, en lugar de confusión e infelicidad.

Y al alcanzar este grado más alto de conciencia, reconocemos la visión limitada de nuestros cinco sentidos, porque la percepción cuántica está más allá del alcance de nuestra conciencia cotidiana y finita. Las actividades originadas en lugares lejanos indudablemente afectan las acciones de los individuos, a pesar de que exista gran distancia entre unas y otras. Por consiguiente, el futuro de cualquier plan de acción debe seguir siendo incierto y quedar sujeto a la posibilidad de que si algo puede fallar, fallará.

Por eso, para lograr una conexión con la Luz Circundante súper-consciente hacen falta todas las herramientas y enseñanzas de la Kabbalah. Dominar nuestro destino implica, ante todo, conducir nuestro universo y nuestra actividad universal. No cabe la menor duda de que el pensamiento convencional sobre cuestiones de esta índole, es totalmente inadecuado para abordar esta tarea.

El sentido común debería decirnos que la manifestación finita y física de cualquiera de los eventos vitales no tiene mucho que ver con la verdad absoluta. Expresiones como "embaucar", "dar gato por liebre" o "tapadera", suelen usarse para describir el encubrimiento de la verdad. Según la forma de pensar del kabbalista, todo nuestro campo de existencia en la dimensión material está igualmente encubierto y oculto tras cortinas de negatividad —llamadas *klipot* en hebreo— y por tanto, se considera ilusorio. *El Zóhar* y el gran Kabbalista Rav Isaac Luria (conocido como el Arí) nos dieron un sistema con el cual atravesar las cortinas de ilusión que rodean este mundo, y con el que podemos encontrar la realidad infinita —la Luz Circundante—que está en el interior. Una vez que hayamos entendido estas enseñanzas de la Kabbalah, ya no necesitaremos aceptar sin cuestionar las mentiras que comúnmente se hacen pasar por verdades. En lugar de seguir siendo esclavos del engaño, podemos convertirnos en los artífices de nuestro destino.

JERUSALEM: QUÉ FUE, QUÉ ES Y QUÉ SIGNIFICA

Durante miles de años se ha llamado a Jerusalem la Ciudad Santa porque allí se encontraba emplazado el Templo Sagrado. Los kabbalistas comentan al respecto: "¿Por qué fue el Templo Sagrado situado en Jerusalem?". La expresión física del Templo no puede determinar las causas subyacentes, dado que no contesta la pregunta: "¿Qué es lo que determinó, en primer lugar, la ubicación del Templo?".

El *Zóhar* documenta claramente el nexo entre el Templo y la Ciudad de Jerusalem. La razón inicial de la ubicación del Templo se relacionaba con el hecho de que el centro energético del universo reside en la Tierra de Israel. El *Zóhar* nos dice que el Templo y el Arca que estaban en la ciudad de Jerusalem eran receptores y conductores de la energía inteligente cósmica. Cuando desde este centro fluía un circuito de energía, el universo y todas sus galaxias infinitas estaban en armonía. El caos y la violencia no existían.

El Templo de Jerusalem expresaba una manifestación totalmente diferente de los templos de otros pueblos antiguos. Lo que pasó en Jerusalem afectó a todo lo existente en la Tierra y en todo el cosmos. Jerusalem era —y es— el núcleo en torno al cual giran todas las galaxias. Jerusalem no representaba entonces, ni simboliza ahora, una ideología religiosa. Sus estructuras físicas simplemente representan la energía inteligente del pensamiento metafísico, así como el cuerpo representa la conciencia interna del alma de la humanidad. A fin de cuentas, el cuerpo es una manifestación secundaria. La energía inteligente del alma es la que motiva y anima a la conciencia corporal. Y cuanto antes nos demos cuenta de esto, mayores serán nuestras probabilidades de alcanzar soluciones válidas y duraderas a problemas de todo tipo. Mientras tanto, nuestro actual enfoque para resolver problemas no ha contribuido mucho al logro de los objetivos necesarios para garantizar el bienestar del individuo y de la sociedad.

Recurrir al razonamiento superficial para determinar la causa y el efecto es un mecanismo convencional de los cinco sentidos. Esta lógica nos permite sentarnos cómodamente, pensando que hemos hallado la solución. No nos damos cuenta de que, como dice la Ley de Murphy, "Si algo puede fallar, fallará". En conformidad con esta ley, las grietas de nuestro razonamiento son fácilmente rellenadas o reemplazadas por el lado negativo.

A pesar del intento, a menudo frustrante, de tratar de llegar al "fondo de las cosas", debemos explorar cada vía para procurar determinar las causas primarias. La complacencia y los mecanismos de negación superficiales —que nos llevan a esconder la cabeza como el avestruz— proporcionan únicamente soluciones falsas a nuestros problemas. Todo el espectro de la realidad cuántica debe ser investigado antes de que podamos llegar a una conclusión. La respuesta al "por qué" final revela la causa última. Esta es nuestra vía de acceso, no sólo a la resolución de problemas de todo tipo, sino a la sabiduría misma.

VIAJAR EN EL TIEMPO

Hace muy poco que la ciencia, utilizando los descubrimientos auténticos de la física moderna como fundamento, comenzó a considerar seriamente la posibilidad de viajar en el tiempo. En el pasado, los viajes en el tiempo eran territorio exclusivo de la ciencia-ficción. Pero ahora, incluso algunos investigadores de gran reputación pertenecientes a la corriente dominante están empezando a reconocer que el viaje en el tiempo tal vez sea posible, al menos en forma teórica. Sin duda, el diseño de una máquina del tiempo todavía no ha llegado a ser considerado; los científicos tienen suficientes problemas tratando de resolver los fallos de las teorías sobre los viajes en el tiempo. Sin embargo, el punto clave es que los físicos no han encontrado nada en las leyes de la física que impida el viaje en el tiempo, incluso como concepto.

Así es que actualmente existe la posibilidad de que, algún día, alguien pueda lograr lo que por ahora sólo hacen los personajes de ciencia-ficción en los libros y las películas: viajar por el hiperespacio hasta una estación galáctica remota, yendo a una velocidad superior a la de la luz. Los científicos nos dicen que si pudiéramos viajar a la velocidad de la luz, el tiempo realmente iría hacia atrás. ¡Un astronauta que viajara a la velocidad de la luz podría incluso volar hasta el espacio profundo y regresar antes de su partida!

Ya nadie cuestiona la ciencia básica que reveló Einstein a principios del siglo XX: que el tiempo se torna más lento para un objeto en movimiento, según la medición de un observador considerado estático. Según esta teoría, si uno de dos gemelos viajara a la velocidad de la luz hasta una estrella lejana, cuando regresara comprobaría que su reloj habría estado funcionando más lentamente durante el viaje, y que su hermano, que se habría quedado en casa, habría envejecido más que él.

Este efecto de la expansión del tiempo ha sido confirmado mediante experimentos. Se ha comprobado que cuando se llevan relojes atómicos en vuelos largos de aviones jet, éstos se atrasan cinco nano-segundos en comparación con los relojes que han permanecido en la tierra. Queda claro que las leyes convencionales de la ciencia son insuficientes para tratar el tema del tiempo elástico, que puede extenderse o reducirse, estirarse o encogerse; por no hablar de los ámbitos en los que el tiempo ya no existe, o en los que las partículas subatómicas de hecho viajan hacia atrás en el tiempo.

Por ahora, los científicos piensan sólo en función de la "dilatación del tiempo", es decir, una disminución de la velocidad del tiempo hasta un punto tal que sea posible su "congelación". El tiempo casi podría llegar a detenerse, pero los científicos sostienen que no se puede hacer retroceder, ni siquiera en teoría. Un argumento que siempre se esgrime en contra del concepto del viaje de ida y vuelta en el tiempo se conoce como "la paradoja del abuelo".

Si alguien viajara por el tiempo y regresara al pasado a tiempo para impedir que se conocieran sus propios abuelos, se vería afectado por esa paradoja. En efecto, esto implicaría que esa persona nunca llegaría a nacer. Pero si no hubiera nacido, no podría haber evitado el casamiento de sus abuelos o haber estado presente para viajar en el tiempo en primera instancia. Si el viaje en el tiempo es posible, ¿cómo evitamos transgredir la causalidad? ¿Cómo es posible que alguien vuelva al pasado y afecte su futuro de modo tal que impida su propio viaje al pasado?

Los escritores de ciencia-ficción se han ocupado de esta paradoja proponiendo que —de alguna manera— en el pasado se nos impediría hacer algo que afectara a nuestro futuro de un modo incompatible con el viaje en el tiempo. Lamentablemente, esta propuesta contradice la idea misma del viaje en el tiempo hacia el pasado. Ésta afirma que no podemos "estar en misa y repicar las campanas", pero en esencia es sólo otra forma de decir que en realidad no hemos encontrado ninguna respuesta al problema original.

Mientras los científicos y los filósofos discuten sobre la naturaleza del tiempo o cuestionan su realidad, la mayoría de nosotros seguimos percibiendo el tiempo como la duración de los procesos cotidianos. Sin embargo, la teoría de la relatividad de Einstein nos lleva más allá de nuestra experiencia cotidiana, que es la base del sentido común y la lógica. ¿Es lógico reconocer que si pudiéramos viajar a la velocidad de la luz, regresaríamos antes de nuestra partida? Si pudiéramos viajar más rápido que la luz, el tiempo en realidad iría hacia atrás. Saldríamos de viaje y regresaríamos un día antes de partir. Una teoría que tiene implicaciones tan trascendentales y que se opone a nuestras experiencias cotidianas, nunca podría haber sido asimilada por la corriente dominante del pensamiento científico si no hubiera sido verificada en diversos experimentos. La relatividad echó por tierra, de una vez y para siempre, la noción del tiempo absoluto aceptada comúnmente. Y al hacerlo, abrió la puerta a otra realidad: la del tiempo elástico, que es totalmente dependiente de la velocidad del observador.

La Kabbalah va un paso más allá y afirma que la relatividad es sólo el comienzo de un verdadero entendimiento del tiempo. El estado de nuestra conciencia es otra forma de viaje en el tiempo. Expresiones como "más temprano", "más tarde" y "ahora" también son manifestaciones de la relatividad del tiempo. Lo que es "aquí y ahora" para uno es "allí y entonces" para otro. Desde la perspectiva de un hombre que va a llegar tarde a una cita importante, el tiempo pasa a un ritmo vertiginoso, mientras que desde el punto de vista de otro hombre que va a llegar temprano al mismo encuentro, el tiempo tal vez se alargue interminablemente. La percepción del tiempo depende de la perspectiva desde la que se observa.

Si el hombre que llega tarde a su cita fuese teletransportado súbitamente a su destino, el tiempo se transformaría inmediatamente de tirano restrictivo a servidor benévolo; y sería merecedor de elogios en lugar de quejas. El tiempo habría reunido a todas las partes en el mismo instante, en el mismo lugar, para el mismo encuentro. Así que, aunque es cierto que la mayoría de nosotros no puede detener la marea de "el tiempo pasa", podemos cambiar nuestra percepción y entendimiento de esta expresión. Y al hacerlo, podemos alterar considerablemente el curso de nuestra vida.

Imagina el tiempo como un río que fluye desde un pasado muy remoto hacia un futuro muy lejano. Imagina que el flujo de ese río está controlado por tus carencias y necesidades, tus estados de ánimo y emociones. Cuando tus pensamientos son claros, también lo son las aguas del tiempo. Cuando estás agitado, las aguas también lo están. Cuando estás apurado (como el hombre que llega tarde a su cita), las orillas del río son angostas y las aguas son rápidos de crestas blancas. Cuando estás en reposo, las aguas fluyen tranquilas y en calma. Cuando tienes miedo, las aguas son oscuras y ominosas. Cuando estás en paz, las aguas se allanan como una planicie.

LA ESENCIA DEL TIEMPO

Entonces, ¿cuál es la esencia del tiempo? ¿Es amigo o enemigo? ¿Es nuestro servidor, es una mera conveniencia con la que medimos nuestras vidas, o un tirano que nos gobierna con mano de hierro? ¿Nosotros utilizamos el tiempo o es el tiempo el que nos utiliza a nosotros? La verdad es que no hay una única respuesta a esta pregunta. El tiempo es lo que nosotros hacemos que sea, mediante el poder de nuestra propia perspectiva y conciencia. Y en este sentido, el tiempo no es distinto de la vida misma.

Una vez que aceptamos las ideas revolucionarias de Einstein sobre el tema, no resulta difícil aceptar las versiones kabbalísticas del tiempo y del viaje en el tiempo. Si pudiéramos desplazarnos más rápido que la luz, el tiempo realmente iría hacia atrás. Podríamos salir de viaje y volver el día anterior a nuestra partida. También lograríamos volver a nuestros días de juventud. En efecto, habríamos encontrado la Fuente de la Juventud: nuestra propia fuente única e individual de restauración y renovación. Los mitos en torno a la búsqueda de la Fuente de la Juventud siempre han sugerido que existe en algún lugar fuera de nosotros. Sin embargo, si el tiempo transcurriera hacia atrás —y los físicos no encuentran ningún motivo para que no sea así— los muertos revivirían, los árboles "decrecerían" y los cristales rotos volverían a unirse. Si todo esto suena totalmente asombroso, trata de analizarlo desde una perspectiva distinta. En lugar de preguntar cómo podrían pasar cosas semejantes si el tiempo volviera atrás, pregunta por qué no están pasando ahora mismo. Después de todo, los físicos todavía no se han puesto de acuerdo respecto a una hipótesis que explique por qué el tiempo avanza. En teoría, no es inconcebible que fluya en la dirección contraria.

Desde una perspectiva kabbalística —y también desde un punto de vista científico— todo lo que ha sucedido alguna vez en el universo, todo lo que sucederá alguna vez, y todo lo que está sucediendo ahora mismo, ha estado determinado inalterablemente desde el inicio del tiempo. El futuro puede ser incierto en nuestra mente, pero ya ha sido programado hasta el más mínimo detalle. Es precisamente esta comprensión la que ocasionó las diferencias que existen entre la Kabbalah y los preceptos, aún sin verificar, que la ciencia sigue tan ciegamente.

Los científicos han afirmado que ninguna decisión o acción humana puede cambiar el destino, ni de siquiera el de un solo átomo. Más allá de la libertad que creemos tener, los científicos nos dicen que todo lo que hacemos está predeterminado. Así, toda la existencia está encapsulada, congelada en un único momento. El pasado y el futuro no tienen verdadera importancia. En realidad, nada cambia.

El problema que debe reconocer la ciencia es el siguiente: si la flecha del tiempo puede apuntar en cualquiera de ambas direcciones, entonces, intentar que un huevo roto vuelva a estar entero, rejuvenecer, o hacer que un río fluya cuesta arriba, deberían ser secuencias de eventos perfectamente admisibles. Tales secuencias no se concretan porque los procesos físicos que se desarrollan en nuestro mundo parecen irreversibles. Es muy simple: no se puede hacer que las cosas "vuelvan atrás". No obstante, la visión kabbalística del mundo sostiene que, de hecho, las decisiones humanas sí que pueden cambiar el destino de un átomo, e incluso muchísimo más.

El mundo físico, según hemos analizado, responde al principio de incertidumbre de Heisenberg. Este universo existe como "punto de encuentro" de nuestras ilusiones de certeza. Aquí es donde hacen notar su presencia el tiempo, el espacio y el movimiento. En este universo incierto existe la fragmentación del tiempo, en virtud de la cual los eventos parecen irreversibles, y el rejuvenecimiento no es viable.

Sin embargo, desde la perspectiva kabbalística, el futuro no existe como entidad separada. El rejuvenecimiento habla de un proceso creativo de reversibilidad, pero la falacia tras esa idea reside en que, para empezar, nunca envejecimos. Nunca existió un período de envejecimiento futuro; en realidad, tampoco hubo un pasado que nos vio envejecer. ¡Lo único real es el presente!

LA VELOCIDAD DE LA LUZ

El problema fundamental al que se enfrentan los científicos en la actualidad con respecto al viaje en el tiempo, se relaciona con que no cuentan con métodos de propulsión adecuados para alcanzar o superar la velocidad de la luz. Sin embargo, en el pasado, viajar en el tiempo o a la velocidad de la luz era una experiencia frecuente para los kabbalistas. *El Zóhar* considera que los problemas asociados con el acercamiento a la velocidad de la luz no representan un obstáculo insalvable. La solución no radica en crear un método de propulsión que permita acercarse a la velocidad de la luz, sino en eliminar la barrera de la velocidad en sí misma.

Sorprendentemente, *El Zóhar* presenta un plan que pone a nuestro alcance la capacidad de viajar por todo el sistema solar como si se tratara del jardín de nuestra casa. Por supuesto que esta idea parece increíble, como si en el pasado nos hubieran hablado del efecto de los vuelos transcontinentales, que a mediados del siglo XX convirtieron nuestros interminables océanos y mares ¡en poco más que piscinas!

El secreto expresado con tanta claridad y simplicidad en *El Zóhar* es que la eliminación de la barrera de la velocidad de la luz depende completamente de la eliminación de la "barrera de la humanidad", representada por nuestro odio y nuestra intolerancia hacia el prójimo. La eliminación de las barreras físicas depende absolutamente de nuestra capacidad para descartar nuestras limitaciones espirituales. Sin embargo, hasta que la totalidad de la humanidad no reconozca la necesidad de suprimir estos obstáculos, aquellos individuos que ya están conectados con el principio "ama a tu prójimo como a ti mismo", deberían aprovechar ahora la oportunidad para conectarse a la Luz que fue revelada en el Monte Sinaí.

Pasemos entonces a ocuparnos de las revelaciones Zohárica relativas al viaje en el tiempo y a la máquina del tiempo que se necesita para eliminar la barrera de la velocidad de la luz. Este proceso puede compararse con el de cavar un túnel mediante un mecanismo que simultáneamente desintegre y evapore la tierra y la piedra, de tal forma que quede terminado en el escaso tiempo en que el espectacular dispositivo se traslada de un extremo al otro del túnel subterráneo. El mismo principio se aplica a la máquina del tiempo Zohárica. Al "evaporar" la barrera de la velocidad de la luz, que es una expresión del Deseo de Recibir Sólo para Sí Mismo, desaparecen todos los conceptos de velocidad y distancia.

El proceso descrito anteriormente es muy similar al desplazamiento de los cohetes en el espacio exterior. La fricción existente en la atmósfera de la Tierra se encuentra ausente en el espacio. Por consiguiente, los cohetes espaciales pueden viajar a 38.600 kilómetros por hora, aproximadamente. Obviamente, esta velocidad no es tan rápida como la de la luz porque la barrera de la velocidad de la luz también existe en el espacio exterior.

Con la máquina del tiempo Zohárica, la esencia de la barrera de la velocidad de la Luz —el Deseo de Recibir Sólo para Sí Mismo— se desintegra y se evapora. Las ilusiones del espacio y el tiempo dejan de existir. Una vez que sucede esto, la distancia y el tiempo convencionales desaparecen para siempre. Inmediatamente estamos en dos lugares al mismo tiempo. Hemos logrado estar en el pasado y en el presente a la vez. Como está escrito en *El Zóhar*:

> Y cuando el Rollo (Scroll) sea llevado al altar para su lectura en Shabat, corresponderá a todos los presentes prepararse con veneración y miedo, con temblor y sudor. ¡Y dirigir sus corazones como si en ese momen-

to estuvieran en el Monte Sinaí para recibir la revelación y el Rollo de la Torá!

Del mismo modo en que las ecuaciones de las ciencias físicas expresan el tiempo como una magnitud simétrica (es decir, que las ecuaciones funcionan tanto si son aplicadas en una dirección temporal como en la inversa), *El Zóhar* no encuentra dificultades para expresar las condiciones necesarias para movernos hacia atrás en el tiempo. Y como ya hemos visto, ir hacia atrás en el tiempo implica volver a la Revelación en el Monte Sinaí, donde la Luz manifestó por primera vez.

Los requisitos previos establecidos en *El Zóhar* son bastante similares a las películas en las que se muestran personas que viajan al pasado usando máquinas del tiempo: tiemblan, sudan y sienten miedo. Ciertas tensiones a nivel físico no pueden evitarse cuando se viaja al espacio o de regreso a la Tierra. Las fuertes vibraciones y las fuerzas de la gran aceleración hacen que el viaje comience con presiones intensas. Estas son precisamente las condiciones que se mencionan en *El Zóhar*.

¿QUÉ NOS ESPERA?

La física del futuro está más allá de las dimensiones de la realidad física de nuestro mundo, ya que nos permitirá ir más allá del espacio y el tiempo en nuestro análisis del universo en el que nos encontramos, hasta el punto en que se espera que "un día se abrirá una puerta, del tamaño del ojo de una aguja, y se nos abrirán las puertas celestiales que dejarán al descubierto la brillante interrelación del universo con toda su belleza y simpleza".

Aunque la Kabbalah esclarece muchos aspectos enigmáticos de la naturaleza, sigue siendo simple. La visión kabbalística de la realidad se basa en un entendimiento profundo de los relatos e historias codificados de la Biblia. Las enseñanzas de la Kabbalah revelan las leyes subyacentes con las que podemos influir en nuestro entorno y controlarlo, y a través de las cuales podemos entender el poder que ha ejercido la naturaleza sobre nosotros.

Así, la Kabbalah nos enseña que percibimos nuestro universo como fragmentado, justamente porque la propia humanidad está fragmentada. En la década de 1940, la ciencia fisionó el átomo por primera vez, hecho que al principio fue celebrado como un avance espectacular. Ahora resulta evidente que el uso de la potencia nuclear como fuente de energía es un grave error. La energía nuclear, que exige la fisión del átomo, constituye el ejemplo más extremo y peligroso de la tecnología fuera de control. Entonces, analicemos nuevamente lo que una vez fue proclamado como la solución a las necesidades de la humanidad.

El primer paso que se dio hacia la fisión del átomo consistió en tratar de crear una clase de energía mucho más potente que todas las conocidas hasta ese momento. Cuando Einstein publicó su teoría de la relatividad en 1905, convirtió este sueño en una posibilidad. Pero la fragmentación de los átomos sólo puede resultar en oscuridad. Los científicos que participaron en el desarrollo del sistema más autodestructivo del hombre, del que ya no existe escapatoria, se encontraban en un estado de conciencia robótica. Simplemente estaban reflejando la tendencia y las actividades destructivas de la humanidad. Estaban siendo utilizados para expresar el lado negativo. La desintegración del átomo comenzó a causa de nuestras permanentes acciones inhumanas dirigidas contra el prójimo. Las explosiones de Hiroshima y Nagasaki fueron sólo la primera consecuencia. Los efectos a largo plazo de la energía atómica todavía están por venir.

Para quienes procuramos aumentar el bienestar de la humanidad, las técnicas kabbalísticas pueden resultar útiles para sortear los obstáculos que se nos presenten. Estas técnicas pueden transformar —y de hecho, transformarán— el agua imbebible en agua que no nos haga sufrir ni padecer los efectos negativos de la polución. Se ha confirmado que las cuestiones planteadas por las enseñanzas de la Kabbalah apuntan directamente al centro de cualquier tema que pueda abordar la ciencia.

LA PRÓXIMA REVOLUCIÓN CIENTÍFICA

Richard Feynman expresó claramente que las probabilidades de lograr un entendimiento genuino y profundo del universo son muy remotas. Hay demasiado "ahí afuera". Entonces, ¿qué podemos esperar del futuro, si todo aquello con lo que nos relacionamos o en lo que participamos está afectado por tal grado de incertidumbre?

La percepción mecanicista newtoniana, que ha dejado de dominar el pensamiento científico, era demasiado rígida. Por lo tanto, fue necesaria una revolución total en la ciencia de la física para desplazarla. Pero ahora, una vez más, es preciso un cambio radical. La Kabbalah y sus doctrinas están preparadas para reemplazar la incertidumbre y la ilusión por la realidad y la integridad de una naturaleza genuina y eternamente providencial. Las enseñanzas kabbalísticas le brindan al individuo la capacidad de crear un universo interno, privado e íntimo —una película completamente nueva— en la que la incertidumbre, el caos, el desorden y la destrucción son revelados como estados inútiles e ilusorios.

El primer paso de este proceso consiste en darnos cuenta de que nuestro propio ego es la fuerza que amenaza a nuestra propia existencia. El ego es el factor subyacente en la limitada expresión de nuestra conciencia. Nuestro ego nos convence de que todas nuestras decisiones y actividades son resultado directo de nuestros propios pensamientos y de nuestra mente consciente. No obstante, como gerentes corporativos, tomamos decisiones que son perjudiciales para el bienestar del consumidor. Al tomar decisiones comerciales, utilizamos la visión de corto alcance y no logramos percibir más allá de nuestras posiciones egocéntricas y nuestras recompensas inmediatas. Por consiguiente, la naturaleza en su totalidad sufre enormemente, debido a esa imperdonable falta de deseo de compartir en el plano cuántico.

El segundo paso en el proceso de compromiso exige mostrar apertura mental a la hora de abordar toda la información que presentan las enseñanzas kabbalísticas. Al principio, quizá parezca algo fácil de lograr. Pero teniendo en cuenta la forma en la que la mayoría de nosotros hemos sido programados, nuestras ideas preconcebidas son el obstáculo más importante para nuestra transformación. Para sortear este obstáculo, necesitaremos llevar a cabo un esfuerzo y un compromiso enormes. La revisión de nuestros conceptos y teorías debe ser tan radical, que tal vez debemos preguntarnos si nuestro sistema actual la soportará.

Una vez más, sin embargo, insisto: desde el punto de vista kabbalístico, la perspectiva actual es anticuada. Debemos ocuparnos nuevamente de las verdades y los valores fundamentales. Debemos abordar las posibilidades humanas e integrarlas a la matriz subyacente de todo nuestro sistema global.

CAPÍTULO DOS: RESTRICCIÓN

LA CREACIÓN A TRAVÉS DE LA RESTRICCIÓN

El principio kabbalístico de *mente sobre materia* exige que nos desapeguemos de los confines de lo físico y nos conectemos con la energía inteligente positiva de los cuerpos celestes. El aspecto finito de la humanidad, que puede describirse como la estructura de carne y hueso, se rige por reglas y normas cartesianas. Sin embargo, nuestro ser infinito opera más allá de la jurisdicción física. Todo lo finito no es ajeno al dolor, el malestar y la muerte. Lo infinito existe en un terreno completamente distinto.

A fin de conectarnos con nuestro aspecto infinito —es decir, con nuestras propias almas— debemos rendirle homenaje al acto original de la Creación: la Restricción. A través del canal de la Restricción, se vuelve posible trascender el espacio, el tiempo y la materia, y como parte de ello, liberarnos de toda forma de dolor y sufrimiento. En términos físicos, somos criaturas de la Tierra; en términos espirituales, residimos perpetuamente en el Infinito. Nuestro lado finito puede verse afectado por el cambio, la agitación, el dolor y el sufrimiento. Nuestro aspecto más elevado permanece más allá de la jurisdicción de lo físico.

INFLUENCIAS OCULTAS

La Kabbalah describe la existencia de la energía inteligente como independiente del tiempo, el espacio y las leyes del movimiento. Se la puede comprender mejor como permutaciones constantes del pensamiento. Por lo tanto, la mente de un ser humano no es tan sólo el lugar donde se almacena información, sino donde se crea la energía inteligente. La conciencia humana actúa sobre el pensamiento con energía inteligente y lo transforma en materia con energía inteligente.

Más aún, las percepciones de la mente de cada individuo se encuentran programadas en toda la red universal de un modo tal, que esas apreciaciones son impuestas en forma inmediata en las mentes de toda la humanidad. Por ejemplo, cuando te encuentras sentado en la mesa en un restaurante, los comensales anteriores habrán infundido en esa pieza de mobiliario una energía inteligente que puede ser positiva o negativa; pero, en cualquiera de los dos casos, tú te verás afectado por ella. Cuando alquilamos o compramos una nueva casa, debemos saber que la conciencia del pensamiento de quienes habitaron la vivienda antes que nosotros está presente en el espacio. ¿Eran personas positivas o negativas? Quiero hacer especial hincapié en este punto para destacar las numerosas influencias ocultas que afectan a nuestra vida y bienestar. Si bien, por lo general, concentramos la atención en nuestro contexto físico y en la conversación que nos ocupa en un momento dado, otras energías tienen impacto en nuestros pensamientos y en nuestra conducta, y esto sucede fuera del campo de nuestra evaluación consciente.

Afortunadamente, las enseñanzas kabbalísticas nos permiten ser cada vez más conscientes de las influencias ocultas que, sin duda, forman gran parte de la experiencia humana. Estas influencias pueden atravesar todo tipo de escudo protector dispuesto en el universo para protegernos, ya sea el sistema inmunológico o la capa de ozono. Y ciertamente, cuando eso sucede, somos vulnerables al ataque de las energías negativas.

Como forma de vida, la Kabbalah ofrece herramientas y técnicas inigualables para restaurar nuestros escudos protectores y para crear equilibrio dentro del cosmos. Sin embargo, usar esas herramientas implica esfuerzo. Vivir en conformidad con la Restricción y el Deseo de Recibir para Compartir conlleva una importante exigencia. Como siempre, no obstante, resulta aplicable el principio "el que algo quiere, algo le cuesta". La ausencia de esfuerzo sólo crea espacio para el Deseo de Recibir Sólo para Sí Mismo. El mero esfuerzo —la tensión— no es, ni puede ser, un factor que destruya nuestro escudo protector. La vulnerabilidad basada en la ignorancia es mucho más nociva. Es esencial que seamos conscientes de las influencias ocultas que nos rodean. Debemos entender cómo la mente puede ayudar a promover el bienestar del universo en general, y de la humanidad en particular.

LA CURA DE TODOS LOS MALES

El Zóhar nos asegura que podemos reducir la evidente complejidad del universo hasta convertirla en una inteligencia de pensamiento única. No obstante, para empezar a entender esta idea, primero debemos comprender el hecho de que las dos fuerzas fundamentales y aparentemente opuestas que se manifiestan de maneras innumerables —entre ellas, la atracción y el rechazo aparentes de los polos de un imán— realmente no son distintas entre sí. En lugar de eso, son manifestaciones diferentes de la misma interacción subyacente, que existe en el campo de la Luz Circundante.

Este pegamento cósmico —la energía inteligente única y unificadora que gobierna todas las interacciones producidas en el cosmos— es conocido en hebreo con el nombre en código de *Masaj de Jirik*, o Columna Central. Su energía es la de la Restricción, la asombrosa cura de todos los males tanto en el cielo como en la Tierra.

¿Puede ser así de simple? Sí, y de hecho lo es. La idea de que podemos reducir la desconcertante complejidad del universo hasta llegar a su simplicidad esencial a través del poder de nuestro pensamiento-inteligencia es, como mínimo, una posibilidad emocionante. Las palabras de *El Zóhar*: "como es arriba, es abajo", implican un gran avance hacia la descripción de un universo en el que todas las manifestaciones —tanto físicas como metafísicas— están entrelazadas en una red de relaciones interconectadas, cada una separada de la unidad que todo lo abarca y, al mismo tiempo, formando parte de ella.

CREA LA PELÍCULA QUE TÚ QUIERES VER

A pesar de los enormes avances de la medicina y otras formas de iniciativas científicas en general, todavía no hemos encontrado formas viables de proteger nuestro bienestar físico y mental contra todas las formas de ataque. Parecen intervenir demasiados factores como para que sea posible lograr una protección definitiva. Por eso, actuamos y rezamos —mayormente rezamos— para que nuestras esperanzas se impongan sobre nuestros miedos.

¿Pero quién puede asegurar que los resultados que perseguimos son los que más satisfarán nuestras necesidades? Con esta idea en mente, podemos ver cuánto tiempo y esfuerzo invertimos en tratar de conocer lo incognoscible.

Nuestra desesperación y frustración son incalculables. La conexión con la Luz Circundante súper-consciente agrega una nueva dimensión, concretamente la del determinismo exacto. Pero todo depende de si aplicamos la energía inteligente de la restricción y el compartir en nuestra actividad humana, o si en cambio optamos por dar cabida al Deseo de Recibir Sólo para Sí Mismo. La actividad egoísta crea un entorno de incertidumbre en el que incluso los planes aparentemente perfectos, están a merced de los caprichos del universo cuántico.

Sin embargo, cuando actuamos con la energía inteligente de la Restricción, podemos tener acceso a la Luz Circundante súper-consciente, y lograr que se transforme en la película de nuestra existencia cotidiana. Cuando esto sucede, en combinación con el uso de las herramientas y enseñanzas kabbalísticas, todo mejora notoriamente, incluso más allá de nuestros planes más optimistas. El súper-consciente elimina todas las durezas y reemplaza cualquier duda e incertidumbre que pudieran acosarnos.

El Zóhar nos hace entender que si prevalece la actividad humana negativa, se produce una ruptura entre la fase de continuidad de la realidad y los planes y esperanzas humanos. Las técnicas kabbalísticas, sumadas a la energía inteligente positiva de la Restricción, son nuestros nexos con la certeza, es decir, con el reino de la Luz Circundante. Tanto para nosotros mismos como para el mundo, las implicaciones y los beneficios de este súperconsciente cuántico realmente no tienen límites.

CAPÍTULO TRES: REENCARNACIÓN

"¿NO HEMOS VISTO ESTO ANTES?"

En todo lo que hacemos, ponemos de manifiesto aspectos nuestros que provienen de vidas pasadas. Para la mayoría de nosotros, la vida representa una nueva versión de una película en la que ya actuamos previamente, una repetición de tareas que, sin éxito, intentamos llevar a cabo con anterioridad.

En el siglo XXI, la humanidad está viviendo una película que se vuelve a proyectar desde el comienzo una y otra vez. Si bien la conducta humana está determinada en gran medida por nuestra genética, el *Tikún* dirige y establece nuestros patrones de pensamiento así como nuestros sentimientos y actividades cotidianas. Nuestra conducta, las decisiones y las reacciones a nuestro entorno, así como nuestros temores más profundos y los momentos de máximo disfrute, se desarrollan directamente a partir de los resultados acumulados de nuestras vidas pasadas.

La ley de *Tikún* es en realidad la ley del juego limpio. Al permitírsele permanecer en el mundo físico, se le da al alma la oportunidad de corregir las malas acciones de una vida pasada. Lamentablemente, completar el proceso de *Tikún* suele llevarnos demasiadas vidas. Nuestras lecciones se repiten pacientemente día tras día, año tras año, e incluso, vida tras vida, hasta que ese saber que hemos ignorado nos alcanza como un rayo, a veces devastador. Y aún entonces, muchos de nosotros no llegamos a comprender por completo las implicaciones de la experiencia o no llegamos a hacer las correcciones necesarias. La historia revela que la humanidad no sabe ni ha aprendido casi nada.

Por ejemplo, seguimos alzando nuestra mano contra el prójimo sin advertir que la guerra tampoco perdona al vencedor.

Soy consciente de que estas ideas cuestionan la visión convencional de quienes trabajan en las ciencias sociales, que sostienen que la cultura y la educación son las que modelan la naturaleza humana. La Kabbalah enseña que cada instante de nuestras vidas se ve determinado absolutamente por las fuerzas cósmicas que prevalecen en ese momento específico. En efecto, nuestras acciones son controladas por el cosmos, pero sólo en la medida en que fueron manifestadas en una vida anterior. Por ejemplo, si un sujeto cometió crímenes contra la humanidad en una encarnación previa, su alma regresará y deberá enfrentar el mismo tipo de desafío que no logró superar en su vida pasada. Ahora tendrá una nueva oportunidad: deberá optar entre poner en práctica el libre albedrío y desbaratar el montaje cósmico que determinó y puso de manifiesto la película de su vida actual, o volver a rendirse ante él.

Estos marcos de referencia negativos, establecidos en una vida pasada, son manifestados por las actividades cósmicas en el momento de nuestro nacimiento. En esencia, el cosmos se limita a proyectar la película de nuestra vida pasada como marco de referencia y oportunidad. El cosmos en sí mismo no es la causa de la estructura de la película de nuestra vida; esa estructura ya fue determinada por nuestra propia vida pasada. El conjunto de circunstancias que se presentan en nuestra vida actual es el resultado de la acumulación de influencias cósmicas que se reúnen en este momento, e influyen en la clase de *Tikún* que debemos realizar.

ASÍ FUE ENTONCES; AHORA ES DIFERENTE

Llegados a este punto podemos preguntar: "¿qué probabilidades de triunfar tenemos ahora, de una vez por todas, si ya hemos fracasado en innumerables vidas pasadas?". Estos marcos de referencia negativos que hemos creado nosotros mismos, nos brindan la oportunidad de poner en práctica el libre albedrío y alcanzar nuestra verdadera meta en el mundo. Si estas fuerzas cósmicas negativas no existieran, el hombre no haría más que ajustarse a una versión programada de la existencia; no quedaría lugar para las pasiones, los rencores u otras características que nos distinguen de los robots. Si bien la negatividad cósmica genera conductas malignas, esta poderosa influencia puede y debería ser regulada y controlada; hacerlo, es la obligación de individuos libres de pensamiento y de elección. Pero tal como muestra la historia, el hombre no ha tenido éxito en dominar su destino. No obstante, como ahora las enseñanzas de la Kabbalah están al alcance de todos, el hombre puede remediar esta situación.

Otra pregunta interesante es: "¿por qué ahora?". En la actualidad, nuestro entorno es muy inestable, y con los recientes avances científicos nos hemos vuelto extremadamente conscientes de la actividad metafísica interna, que parece engendrar incluso mayor incertidumbre. Una vez más, en virtud de estos avances científicos, cada vez somos más iluminados. Ahora exigimos conocer la causa que provoca la aparente inestabilidad e incertidumbre que dominan nuestras vidas. Y es en relación con esto que la Kabbalah puede generar, literalmente hablando, la transformación de la humanidad. Aunque durante siglos la Kabbalah fue un secreto guardado con recelo, ha llegado el momento de que se presente ante el mundo entero con su mensaje simple y, a la vez, poderoso. En el análisis final, sólo aquello que sea entendido por todos podrá considerarse conocimiento verdadero.

LA PERSPECTIVA ASTROLÓGICA

La Kabbalah concibe a la astrología de un modo muy diferente del que habitualmente oyes o lees sobre el tema. La astrología convencional sostiene que un sujeto decide realizar determinadas acciones como consecuencia de la disposición de las estrellas. En cambio, la Kabbalah enseña que es el proceso de *Tikún* de corrección kármica el que nos ubica en una posición astrológica tal para que las estrellas nos orienten en la dirección necesaria. Las cartas natales —o los "horóscopos"— son la expresión gráfica de una conexión metafísica.

Las diversas escenas de nuestras vidas pasadas coexisten continuamente como canales de energía metafísicos. Cuando en el presente actuamos de una manera negativa que se corresponde con una conducta negativa de una vida pasada, nos invade la energía inteligente negativa. Pero no se trata solamente de malicia procedente del universo. Nuestra actividad negativa previa se superpone a las experiencias de nuestra vida presente, a fin de brindarnos una oportunidad de hacer una corrección, o *Tikún*. Es más, cada día de nuestra vida actual se corresponde con un momento específico de una encarnación previa. Si, por ejemplo, hoy es tu cumpleaños número 26, los cuerpos astrales proyectarán la película de tu conducta en este mismo día de una encarnación anterior.

A pesar de la inviolabilidad del patrón básico de nuestro destino, también tenemos un grado de libertad que es casi ilimitado. Podemos determinar la forma en que se llevará a cabo el proceso de *Tikún* en nuestra vida presente. La carta natal revela los obstáculos y las restricciones que nos impedirán sentirnos libres. Además, la visión de corto alcance, la intolerancia y otras actitudes negativas pueden llegar a evitar que aprovechemos las herramientas para el cambio kármico y el crecimiento espiritual que tenemos a nuestra disposición. Esas barreras son obra nuestra. Pero como nosotros las creamos, también podemos destruirlas y acceder a niveles más elevados de conciencia.

Volvamos por un momento al fenómeno del bombardeo cósmico, que con tanta frecuencia nos roba la paz interior. ¿Cuál es la fuente de los pensamientos complejos y turbulentos que aparecen en la mente subconsciente? El subconsciente no razona. Por el contrario, sólo se limita a reaccionar ante la información que recibe de una vida pasada, o de muchas de ellas. Nuestra estática mental de hoy es una acumulación de lo que sucedía entonces. Si comparamos este proceso subconsciente con el funcionamiento de un proyector de películas, descubriremos que la máquina se encarga de "pensar" por nosotros. Muchas personas nunca llegan a darse cuenta. Sin embargo, las herramientas y enseñanzas de la Kabbalah ponen a nuestro alcance la capacidad de volvernos conscientes de ese ataque cósmico, en primer lugar, y en segundo lugar nos permiten hacer los cambios que, con el tiempo, frenarán ese embate.

El Zóhar expresa: "cada unidad de conciencia o inteligencia regresa a su posición previa no manifiesta tras haber cumplido su propósito". Así, tanto nuestro universo mundano como nuestros cuerpos físicos reflejan un vaivén permanente entre la realidad terrenal y el campo cósmico. En contraste, el campo cósmico constituye un terreno en el que no existe el tiempo ni el espacio y en el que habitamos si realmente queremos dominar nuestro destino.

Una vez más, lo que acabo de decir demuestra la gran verdad Zohárica: "Tal como arriba, es abajo". Lo que sucede en el universo metafísico, también ocurre en el mundo físico. El bombardeo de energía del pensamiento al que estamos sujetos en esta vida tiene su origen en el cosmos. No obstante, la Kabbalah revela que el cosmos es la fuente primaria del bien y del mal, de la salud y la enfermedad, de la serenidad y el caos. Mientras sigamos concentrados en los síntomas, no lograremos descubrir la causa subyacente. Pero nuestra cultura nos programó para creer que la idea de lograr algo más que un alivio temporal es probablemente imposible. Y mientras sigamos creyendo esto, será imposible generar un cambio real.

DE LA VULNERABILIDAD A LA INMUNIDAD

La adversidad, cualquiera sea su manifestación, es resultado directo de nuestras actitudes negativas en la vida presente o en vidas pasadas. El estudio de la Kabbalah se ocupa básicamente del hecho de que nosotros podemos cambiar nuestro destino y evitar las desgracias.

Sin embargo, el kabbalista conoce bien los períodos de tiempo durante los cuales se le ha conferido al lado negativo el dominio de nuestro universo, y en consecuencia provee el escudo protector capaz de protegernos —de hecho, el que nos protegerá— contra este ataque devastador. La adopción de actitudes negativas implica esencialmente una conexión con el lado negativo, y su total aceptación. Al crearse un nexo de afinidad con ese entorno oscuro se hace imposible avanzar hacia la eliminación de la desgracia en cualquiera de sus formas: enfermedades, problemas familiares, inestabilidad económica u otras calamidades.

Lo que acabo de explicar nos lleva a comprender la vulnerabilidad —un concepto que exploramos antes— de manera renovada. Para alcanzar el dominio de nuestras vidas y de nuestros destinos deben cumplirse dos condiciones. En primer lugar, debemos mostrar humildad para con el prójimo. De esta manera, Jacobo entendió que para vencer a la esencia del lado negativo, debía "acercarse a Esaú con humildad".

En segundo lugar, debemos cubrirnos con un escudo protector cuando las energías inteligentes negativas prevalecen en el cosmos, independientemente de cuánto alardeemos de nuestras actitudes sanas y positivas. Con relación a este punto, refirámonos una vez más a Jacobo, quien tuvo un serio encontronazo con el lado negativo. Aunque Jacobo salió victorioso, recibió una grave herida. Se expuso deliberadamente al peligro. Y la falta de un escudo protector puso en evidencia su vulnerabilidad, incluso la de un ser tan poderoso como Jacobo.

Aquí *El Zóhar* revela una forma de comprender la enigmática pregunta de por qué una persona es vulnerable y otra no. Pensemos, por ejemplo, en los efectos cósmicos y las influencias en el desarrollo del cáncer. Cuando los investigadores científicos proponen la teoría que indica que "las personas felices no contraen cáncer", no están errados en absoluto. No obstante, como suele suceder con el paradigma biomédico, se toma la condición física y manifiesta como causa, y no como efecto.

Partiendo de la base de que las personas felices logran escapar a las garras del cáncer, entonces debemos preguntarnos: "¿por qué algunas personas son felices y otras no?". En esencia, debemos explorar y procurar descubrir la causa esencial. Sólo cuando averigüemos los motivos y los porqués de las respuestas, podremos suponer que hemos encontrado una causa primaria.

Básicamente existen dos factores principales que contribuyen a la vulnerabilidad de la humanidad, y ambos se canalizan a través del cosmos. Sin embargo, antes de investigar los agentes responsables de que nos volvamos vulnerables, permíteme dejar claro una vez más que la humanidad tiene las herramientas que pueden convertir esa vulnerabilidad en inmunidad.

Desde la perspectiva kabbalística, el problema de la vulnerabilidad no es una cuestión de quién caerá en la categoría de afortunado o desafortunado. En realidad, ya fuimos expuestos a las desventuras de la vulnerabilidad cuando en vidas pasadas sucumbimos al Deseo de Recibir Sólo para Sí Mismo.

La exposición a los traumas y a las desgracias que conlleva la vulnerabilidad en la vida presente, se produce exactamente dentro de los mismos marcos de referencia en los que los hemos experimentado durante encarnaciones pasadas. Si en el proceso de *Tikún* de una vida anterior no hemos logrado controlar nuestra necesidad de robar, en esta vida tendremos otra oportunidad para ejercer nuestra libertad de elección y para determinar si venceremos el impulso de robar, logrando así el éxito mediante la Restricción. Si fracasamos, habremos dado lugar a la fragmentación, la limitación, el "espacio vacío" y la ocultación del Creador. Este "hueco" representa la vulnerabilidad, una abertura por la que hace su entrada el lado negativo.

Desde el punto de vista espiritual, la vulnerabilidad es una área de nuestro ser en la que el futuro ha sido eclipsado por el pasado. Una "bomba del tiempo" genética que se transmite de una vida pasada a la presente se encarga de poner en peligro a las personas vulnerables. Cuando la medicina moderna determina que un individuo corre el riesgo de contraer determinada enfermedad a causa de un gen ausente o un gen defectuoso, a veces se pueden tomar medidas para prevenir la aparición concreta de esa enfermedad. No obstante, rara vez se plantean las preguntas más básicas, tanto en los médicos como en los pacientes. Por ejemplo, y en primer lugar, ¿por qué el individuo fue colocado en esa situación? ¿Por qué él o ella nació en una familia en la que existe esa predisposición genética? ¿Cómo se relaciona mi situación actual con la misión para la cual estoy en el mundo? No deberíamos permitir que nuestras preguntas se vean limitadas por modelos biomecánicos. Toda herencia letal debe ser rastreada más allá del proyecto materialista de la vida.

En el campo físico, existen muchas razones que pueden reunir a un grupo de personas, entre ellas los lazos raciales, geográficos o familiares. Sin embargo, la Kabbalah nos enseña que estas relaciones no son las causas primarias de ninguna clase de negatividad que pueda existir dentro de un grupo. En su lugar, nos explica que estas personas fueron reunidas por motivos relativos al *Tikún* de sus vidas pasadas. Una dolencia física puede señalar la causa de la dificultad, pero no se la puede considerar como una causa primaria en sí misma.

Con esto en mente, podemos entender que los defectos en el ADN —o cualquier otra clase de adversidad— son el resultado directo del fracaso en el proceso de *Tikún*. Para cada acción, existe una reacción igual y opuesta, y esto es tan cierto en el nivel espiritual como en la física clásica newtoniana. El dolor causado a otros resulta en dolor para el causante. Pero como siempre, una dificultad actual también representa una posible oportunidad. Cuando la desgracia de una vida pasada se proyecta como parte de la película de nuestra vida presente, la película que se está reproduciendo puede ser modificada mediante la Restricción.

Por lo tanto, la Restricción desempeña un papel fundamental en la resistencia del cuerpo a las enfermedades. La tarea asignada a la conciencia de la Restricción consiste en producir anticuerpos: las células que, como soldados en el frente, nos defienden de las enfermedades.

Si bien el proceso de *Tikún* nos predispone para la vulnerabilidad, la Restricción nos permite imponer nuestra voluntad sobre el guión predeterminado. La Restricción es la base de una nueva película en la que el final trágico puede convertirse en algo muy distinto, y de naturaleza sumamente positiva.

El tiempo, el lugar y las circunstancias de la vulnerabilidad encarnada se ven determinados por una orquestación del cosmos. Por eso, una carta natal bien hecha e interpretada con gran meticulosidad puede ser una herramienta inapreciable para el crecimiento espiritual. Un astrólogo hábil puede señalar oportunidades y momentos favorables específicos para "volver a rodar" la película de nuestro *Tikún*. Sin embargo, incluso sin esas herramientas, debemos considerar la adversidad como una oportunidad para la Restricción cada vez que se interponga en nuestro camino. Porque al hacerlo, podemos evitar los posibles efectos de cualquier enfermedad o desgracia. ¡Más vale prevenir que curar!

El principio kabbalístico según el cual "no puede haber coerción en la espiritualidad" nos dice que la Luz no puede ingresar en la vasija de nuestro ser, a menos que nos hayamos preparado mediante el proceso de *Tikún*. No se puede forzar a nadie a conectarse con la Luz del Creador, porque esa conexión sólo puede llevarse a cabo como un acto de libre albedrío. El mismo principio nos permite, a través del libre albedrío, ejercer el poder de Restricción contra el Deseo de Recibir Sólo para Sí Mismo.

ALMAS QUE REGRESAN

Para entender lo que está pasando en realidad, debemos recurrir a las enseñanzas kabbalísticas que nos hablan de las almas que regresan. No existe misterio tan asombroso en el universo como el infinito regreso y las conductas repetitivas de sus habitantes.

Los preceptos evolucionistas fundamentales no han cambiado demasiado en el curso de la historia. Hemos presenciado el auge y la caída de civilizaciones, pero las formas básicas de vida se han modificado muy poco en vastos períodos de tiempo. Incluso en nuestra sociedad tan cambiante, nosotros, como todas las otras formas de vida, seguimos en la búsqueda de las mismas cosas que las generaciones que nos precedieron. La tendencia a la conservación y la estabilidad siguen siendo la regla para la mayoría de las especies del mundo. Y esto es cierto tanto en términos mentales como físicos. ¿Acaso nuestra estructura mental es distinta de la de nuestros semejantes de la Edad Media? ¿Acaso han cambiado las necesidades psicológicas humanas a través de los siglos? ¿Es verdad que mejoramos a través del "progreso", el cual se vuelve más complejo con cada año que pasa? En la mayoría de los aspectos, la respuesta es no.

Por consiguiente, causa una inmensa emoción descubrir información capaz de cerrar la brecha entre el fenómeno del progreso material y la ausencia de cambio en términos de plenitud personal. Para hallar este conocimiento, una vez más nos remitimos a *El Zóhar*: "Rav Shimón bar Yojái dijo: 'Compañeros, es tiempo de revelar diversos misterios ocultos y secretos sobre la trasmigración de almas'". El Arí también hizo hincapié en esta doctrina kabbalística cuando afirmó lo siguiente: "Ningún individuo podrá completar una fase de arrepentimiento y corrección hasta que no sea conocedor de los procesos psicológicos inconscientes del alma, y acceda al conocimiento de las vidas pasadas".

NO ES UNA CONTINUACIÓN, SINO UNA NUEVA PRODUCCIÓN

Exploremos ahora algunas de las encarnaciones de la humanidad descritas por el Arí, Rav Isaac Luria. Después del pecado de Adán, explica Rav Luria, sus múltiples almas se encarnaron en la generación del Diluvio. Por consiguiente, estas mismas personas representaron una película idéntica a la de su encarnación anterior. Ellos tampoco completaron el proceso de *Tikún*. Esto lo indica el versículo: "Y el Señor se arrepintió de haber hecho a Adán (el Hombre) sobre la Tierra, y sintió pesar en su corazón". Luego las almas de Adán se encarnaron en la generación de la Torre de Babel. Esto está expresado en las Escrituras mediante el versículo: "Y el Señor bajó a ver la ciudad y la torre que estaban construyendo los hijos de Adán". Si por lo menos pudiéramos aprender a cooperar con el movimiento del universo y con la constante expansión de la evolución, nuestro crecimiento espiritual florecería. Sólo entonces podríamos llegar al paraíso que tan audazmente intentó alcanzar la Torre de Babel.

También es lamentable que muy pocos de nosotros tengamos el deseo de aprovechar el recuerdo de las experiencias que hemos tenido. No nos decidimos a ahondar en nuestra propia naturaleza por temor a lo que nos podríamos encontrar. Con el estudio de la Kabbalah, estos temores se disipan gradualmente, hasta un punto en el que podemos empezar a tener el control de nuestros actos presentes, nuestros errores pasados y destinos futuros. Y lo que es más importante, podemos tomar el poder sobre el entorno hostil que consideramos nuestro hogar. En lugar de experimentar una confusión constante en nuestro fluir de conciencia, podemos reestructurar nuestra película de modo que los eventos en el mundo interno empiecen a surgir de una manera mucho más coherente.

EL ÁTOMO COMO IDEA

Para entender la naturaleza humana primero debemos estudiar no sólo su dimensión física y psicológica, sino también sus aspectos metafísicos. Sin embargo, para lograrlo, necesitaremos muchísima concentración si queremos abrirnos camino por el laberinto de la información innecesaria, y a veces engañosa. Hoy en día estamos tan inundados de datos irrelevantes que la tarea de distinguir lo importante de lo que no lo es, a menudo se vuelve abrumadora. La Era de Acuario ha traído consigo nuevos fenómenos que eran inconcebibles hace tan sólo un siglo atrás. El átomo como idea —como entidad invisible por debajo del terreno de la manifestación física— ya se menciona en el Talmud. Y en el siglo XVIII, Newton escribió: "el Señor, al principio, creó la Materia en partículas sólidas, duras, impenetrables y móviles de tamaños y formas tales, con tales propiedades y en tales proporciones respecto del espacio, como más favorable resultara para el fin con el cual las formó".

James Clerk Maxwell, el físico escocés, también era partidario de la idea newtoniana de un átomo mecánico "duro e impenetrable". En 1873, escribió: "Aunque en el transcurso de las épocas ha habido —y quizá siga habiendo— catástrofes en los cielos, aunque puedan disolverse los sistemas antiguos y nazcan de sus ruinas nuevos sistemas, los átomos de los que están hechos el sol y otros cuerpos celestes, permanecen enteros e intactos".

Hacia finales del siglo XIX, el físico alemán Max Planck aseguraba que si los átomos realmente existían, no podían ser entidades puramente materiales. Planck creía que la esencia del universo estaba más allá de su condición física. Asimismo, Planck y sus seguidores veían al universo como en un estado de entropía, avanzando lentamente hacia el caos y la disolución final. La física cuántica cambió todas estas ideas, pero al mismo tiempo dejó a los físicos con una caja negra, con más preguntas sin respuesta que antes. La visión precedente de un universo que avanzaba hacia la muerte y la decadencia fue reemplazada por una nueva perspectiva en la que el universo podía avanzar de igual modo hacia atrás o hacia adelante. En teoría, una mariposa podía convertirse en oruga y un anciano en un niño.

Lamentablemente, este punto de vista no ofrece una explicación para el hecho de que tales cosas, en realidad, no ocurren, al menos de manera visible. Hasta ahora, por ejemplo, no se ha visto a un anciano que se haya convertido en niño. Sin embargo, la doctrina de la reencarnación dice que el anciano realmente se convierte en un niño en el sentido de que finalmente renace como un "nuevo" ser humano. El período ilusorio que va de la muerte al renacer se encuadra dentro de un nuevo marco de referencia con el que la humanidad debe familiarizarse. Este "período intermedio" podría compararse con el tiempo que pasa un pasajero del metro desde que se sube en una estación y viaja en la oscuridad hasta llegar a la siguiente parada. El simple hecho de que el tren pase inadvertido entre las estaciones, no altera de ningún modo la trayectoria hacia su destino, y mucho menos la existencia misma del tren.

El mismo principio es válido para el viaje de las almas a lo largo del camino de *Tikún* del destino. En el momento de la muerte, el alma, como el tren, parece esfumarse por un breve período entre estaciones. El cuerpo físico también desaparece, pero en verdad es sólo el cuerpo físico el que abandona la existencia. Sin embargo, la ciencia todavía tiene que tomar conciencia de esta realidad, igual que se ha quedado atrás en otras áreas. Por tanto, la ciencia no responde a pautas morales. ¿Qué juramento ético se imponen a sí mismos los científicos? Su trabajo puede ser mucho más devastador que el de la profesión médica. El juramento hipocrático infunde cierto sentido de la responsabilidad a los médicos, pero otras disciplinas funcionan sin ningún tipo de restricciones.

GENES, GENÉTICA Y *TIKÚN*

Hemos visto que la forma final de cualquier estructura humana está determinada por el proceso de *Tikún*, que es una expresión del comportamiento de una persona en sus vidas anteriores. Ahora es necesario considerar hasta qué punto los padres afectan al desarrollo de sus hijos. Con las técnicas modernas, ha sido posible demostrar que los genes dirigen el desarrollo y el funcionamiento de cada parte del cuerpo humano. Toda conducta humana es el resultado de una compleja interacción entre el entorno y la herencia, y datos obtenidos en estudios hechos a principios de la década de 1950 señalan el rol fundamental de la herencia en el desarrollo físico y psicológico.

¿Puede considerarse que este descubrimiento contradice las enseñanzas kabbalísticas? La Kabbalah nos dice que es el proceso de *Tikún* —y no la genética— el factor principal que subyace en la inteligencia, la personalidad y la resistencia o susceptibilidad a diversas enfermedades.

No obstante, la doctrina de *Tikún* sólo establece que el alma necesita un contexto adecuado para llevar a cabo el proceso de corrección. Desde la perspectiva kabbalística, las características individuales de las personas son básicamente producto de los pensamientos de sus padres en el momento de la concepción.

Entonces, ahora debemos cuestionarnos por qué lo rasgos característicos tales como la altura, la pigmentación de la piel y la inteligencia parecen, tan cabalmente, producto de factores hereditarios. Si, tal como mencionamos, la computadora mental que organiza la "impresión final" de cada ser humano basa sus datos en las encarnaciones anteriores de cada uno, ¿por qué los estudios genéticos indican que la herencia desempeña un papel tan importante en la determinación de tales características?

Para responder esto, primero debe entenderse que existen muchos genes diferentes, y aunque cada uno de ellos sólo ejerza una pequeña influencia en la persona, todos cumplen una función. Por eso, es difícil establecer de manera concluyente el impacto de la herencia. Además, estas características responden sin dificultad a las variaciones del entorno, las cuales pueden ocultar o modificar los efectos genéticos. Por consiguiente, una persona expuesta durante cierto tiempo a la geografía del Ecuador puede parecer más morena de lo que en realidad indican sus genes. Si a un sujeto genéticamente propenso a la obesidad se le priva de alimento, podría ser considerablemente más delgado que una persona bien alimentada con tendencia genética a la delgadez.

El concepto de *Tikún*, desde el punto de vista del kabbalista, no está en conflicto con la idea de la transmisión genética, si realmente tal transmisión es genéticamente necesaria. Lo que parece similitud hereditaria, en realidad puede ser el resultado de un alma que regresa después de la muerte para encontrar el entorno específico que le resulta favorable para completar el proceso de *Tikún*.

Una enfermedad hereditaria como la hemofilia, que es consecuencia de un gen defectuoso transmitido por el padre o la madre, no está en conflicto con el proceso de corrección de una persona. Si el *Tikún* exige esta condición y este entorno, entonces el alma que regresa debe localizarlos, y estos serán parecidos a los que dejó atrás en una encarnación anterior.

EL PROBLEMA DEL TRAUMA DE NACIMIENTO

Considera los siguientes sucesos estremecedores: un adolescente de 15 años de Maryland entró en el garaje de sus padres y se ahorcó. Toda la comunidad estaba conmocionada. Un joven de 13 años se prendió fuego en la ciudad de México, y el vecindario, confundido, se preguntaba por qué sucedió. Se trataba de jóvenes que —aparentemente— nunca habían sufrido ningún dolor psíquico en particular. Parecían sobrellevar bien las angustias habituales de la adolescencia. Para sus amigos y familiares, sus muertes fueron inexplicables y trágicamente prematuras. Y para los psiquiatras y psicólogos que estudiaron el fenómeno, simplemente representaron unos datos estadísticos más en la creciente epidemia de suicidios de adolescentes.

Existe un conjunto de investigaciones que indica que la tendencia al suicidio, así como la vulnerabilidad a la drogadicción, puede estar vinculada con experiencias traumáticas del nacimiento. Al considerar el índice creciente de suicidios en los Estados Unidos, que ha aumentado de manera sorprendente entre los jóvenes, debemos procurar por todos los medios determinar por qué está ocurriendo esto. Según el Centro Nacional de Estadísticas de la Salud, cada 78 segundos un adolescente estadounidense intenta suicidarse. Aunque estas estadísticas son escalofriantes, la idea de atribuir esta epidemia al estrés de la vida moderna no logra satisfacer a muchos investigadores. Después de todo, el estrés en nuestra sociedad nos afecta a todos, no sólo a algunos. Obviamente, las estadísticas no nos dicen por qué algunos jóvenes están quitándose la vida mientras que otros no, aun cuando los factores ambientales son los mismos.

Por eso es alentador enterarse de que algunos investigadores opinan que los traumas sufridos al nacer pueden quedar grabados en el inconsciente. Según dicen, estos traumas pueden ser los responsables de una necesidad compulsiva de recrear esa herida psíquica durante la adolescencia. En la década de 1920, el psicoanalista Otto Rank propuso una teoría parecida para relacionar la experiencia del nacimiento con las neurosis. Esta idea fue rápidamente condenada por los colegas de Rank, quienes juzgaron que sus conceptos sobre el trauma del nacimiento tenían tan poco sentido como la astrología.

De hecho, desde la perspectiva Zohárica, los traumas del nacimiento sí se relacionan con la astrología. En realidad, los traumas del nacimiento son el resultado directo de las influencias astrológicas. Aquí se nos recuerda una vez más el principio kabbalístico de que las manifestaciones físicas nunca deben emplearse para determinar causas primarias.

Desconocedores de este principio, los sociólogos que investigan problemas tales como el aumento de los suicidios los vinculan con toda clase de factores, desde la música *heavy* metal hasta las películas violentas. Y sin embargo, en ningún momento reparan en el campo metafísico y prefísico del pensamiento. Después de todo, ¿realizamos alguna actividad física sin antes pensar en ella, por fugaz que pueda ser tal pensamiento? Este es un concepto fundamental: lo metafísico precede a lo físico, y lo metafísico mueve constantemente la totalidad del cosmos. Sin embargo, los investigadores siguen cayendo en la trampa de decir que la condición física es una causa primaria del comportamiento.

Un programa de investigación intensivo realizado por el Dr. Bertil Jacobson en el Instituto Karolinska de Estocolmo obtuvo resultados que indican que los sucesos que rodean el nacimiento de una persona pueden influir en la decisión posterior de suicidarse. Las conclusiones del Dr. Jacobson fueron incluso más específicas de lo que había previsto. En un estudio, descubrió que el suicidio estaba asociado más estrechamente con el trauma de nacimiento que con cualquiera de los otros 11 factores de riesgo que había puesto a prueba, como el estatus socioeconómico, el alcoholismo de los padres y los hogares desestructurados. El Dr. Jacobson también descubrió una correlación entre la clase de trauma de nacimiento que sufre una persona y la modalidad de suicidio que elige. Por ejemplo, descubrió que quienes se habían asfixiado, ya sea por ahorcamiento, intoxicación por gases o estrangulación, tenían cuatro veces más probabilidades de haber sufrido déficit de oxígeno al nacer. De modo similar, el 20% de quienes habían elegido quitarse la vida usando medios mecánicos, como pistolas o cuchillos, habían experimentado traumas en el nacimiento como un parto de nalgas o un parto con fórceps. El Dr. Jacobson también descubrió que los futuros adictos habían nacido en hospitales en los que los médicos administraban barbitúricos y otros fármacos a las mujeres que estaban de parto.

¿Cómo pueden el trauma físico del nacimiento o breves períodos de exposición a una droga provocar conductas autodestructivas en la adolescencia? La mayoría de nosotros no recordamos nada de lo que ocurrió en los primeros años de nuestra vida, mucho menos un nacimiento traumático. Como posible respuesta, hay quienes han sugerido que las experiencias traumáticas sufridas al nacer podrían de alguna manera quedar grabadas en el cerebro. También se ha planteado la hipótesis de que esta marca es la causante de una necesidad compulsiva de repetir el trauma durante la adolescencia.

Pero el verdadero problema, desde el punto de vista del kabbalista, es el siguiente: "¿Qué provocó, en primera instancia, que la madre tuviera ese parto traumático?". O, "¿por qué algunas futuras mamás prefieren dar a luz sin que se les administren fármacos, y otras no?".

Al nacer, el cerebro de los bebés todavía no está desarrollado totalmente. Sin embargo, los logros mentales y físicos que se observan durante la primera infancia son milagrosos por su alcance. Los bebés aprenden a darse la vuelta, sentarse, gatear y caminar. El balbuceo al azar se convierte en palabras. Desde los pasos de bebé hasta la gimnasia, durante los primeros años de vida presenciamos milagros que hasta ahora la ciencia no acierta a comprender.

Cuando la ciencia nos falla, podemos recurrir a *El Zóhar*:

> Existe el mandamiento de asignar la pena de muerte, que puede ser de cuatro tipos: decapitación, estrangulamiento, lapidación y abrasamiento. ¿A quién se dirige la Biblia? ¡A Samael, el Señor Oscuro!

Aquí, en pocas palabras, *El Zóhar* nos brinda la oportunidad de entender en profundidad los traumas devastadores de las muertes poco comunes. Estas cuatro causas de muerte antinatural tienen algo en común: si una persona ha sucumbido a la energía inteligente del lado negativo por no restringir un particular Deseo de Recibir Sólo para Sí Mismo —y si esta falta de restricción específica garantiza la consecuencia de una de estas cuatro modalidades de muerte— entonces, cuando el alma regrese en la próxima encarnación, un nacimiento traumático señalará la clase de muerte que la persona experimentó en una vida anterior.

Esta es una revelación muy sorprendente, y arroja luz sobre un área que la ciencia ha mantenido en la oscuridad. Una vez más, vemos el asombroso poder de comprensión que la Biblia proporciona a la humanidad cuando es descifrada por la Kabbalah. Todo tiene una causa esencial y subyacente. Existe una razón por la cual ocurren las cosas y por el modo en que ocurren. Pero ni nuestros cinco sentidos ni las opiniones de la ciencia convencional pueden revelar estas razones, a pesar de que afectan a nuestra existencia diaria en el mundo físico.

CAPÍTULO CUATRO: LA MENTE

EL MISTERIO DENTRO DE NOSOTROS

¿Cómo deberíamos contemplar el misterio de la mente? La mayoría de los investigadores consideran que la mente y sus funciones, incluidos el pensamiento y la conciencia, no son más que expresiones integradas de las actividades físicas del cerebro. Pero estas conclusiones mecanicistas son sólo especulaciones, ya que no existen pruebas de que la mente se pueda definir como el mero funcionamiento de las células y los nervios del cerebro. El aspecto que desafía esta explicación es cómo la información llega a los receptores de nuestros nervios y converge dentro de la sustancia de nuestro cerebro para convertirse en el tema y la sustancia del pensamiento. Los investigadores, que no han podido explicar esto, eligen considerar el fenómeno de la mente como "intocable", fuera del alcance de la investigación científica. No logran descubrir cómo funciona la mente, ni mucho menos cómo podemos usarla de forma más eficiente. En realidad, las funciones de la mente no están determinadas por los precisos mecanismos de las innumerables conexiones nerviosas del cerebro. Por lo tanto, la ciencia determinista nunca podrá llegar a dar cuenta de todas las actividades y los fenómenos de la conciencia.

A pesar de los años de investigación acerca del funcionamiento de la memoria, por ejemplo, la capacidad del cerebro para almacenar información y recordarla cuando es necesario continúa siendo un misterio. La forma en la que este órgano guarda datos en una secuencia ordenada es extremadamente compleja. La memoria del cerebro está colmada de información proveniente de cada una de las experiencias de la vida.

El poder de la mente para recuperar la información pertinente relativa a esas experiencias a partir de su banco de memoria infinito, es asimismo extraordinario. Al igual que ocurriría con la computadora más sofisticada que podamos imaginar, la mente identifica ciertas cualidades de un concepto, y luego comienza la búsqueda de la palabra o la frase apropiadas. Entonces el concepto aparece, completo y coherente, en la mente consciente. Otros fenómenos del cerebro-mente, como la intuición, el amor y la lealtad también son extremadamente complejos. Y también existen otros estados mentales especiales, como los sueños, las ilusiones y las sensaciones de paz, felicidad y plenitud.

¿Quién presiona el botón que desencadena estos procesos mentales en determinados momentos de nuestras vidas, y por qué lo hace?

La perspectiva kabbalística de las funciones cerebro-mentales supone un desafío para las nociones convencionales sobre el origen y la esencia de la mente. Seguramente, las ideas de la Kabbalah podrían parecer raras —e incluso extrañas— al principio. Sin embargo, si mi intención es hacer una contribución seria —y muy necesaria— a esta área del pensamiento, es preciso presentar estos conceptos. Por lo tanto, intentaré hacerlo de la manera más clara y consciente posible. En resumen, el ser humano puede ser visto como un organismo que procesa información, y cuyas características están íntimamente ligadas a la complejidad de los datos que se conforman a partir de un entramado de vidas anteriores.

El sistema cerebro-mente es una compleja organización de estructuras interconectadas e interdependientes, y funciona proyectando una película que ya ha sido producida. El cerebromente puede procesar cualquier información en un solo paso, con mayor rapidez y de forma más fiable que cualquier computadora. Pero las etapas iniciales del proceso siempre ocurren sin que nos demos cuenta, como parte de un programa que ha sido finalizado mucho antes de que suceda cualquier proceso consciente. Es por estas razones que los kabbalistas siempre han reconocido el dominio de la conciencia robótica sobre la conciencia egocéntrica. Esta conciencia, que no juega ningún papel en las etapas iniciales y finales de los procesos, nos ha esclavizado durante demasiado tiempo, convenciéndonos de que realmente podemos controlar nuestro destino y nuestras decisiones. La perspectiva kabbalística, que sostiene que la reencarnación y el proceso de *Tikún* determinan nuestro comportamiento, aún debe obtener la aceptación generalizada. Pero ese día llegará.

EL UNIVERSO OCULTO DE LA MENTE

La idea de que la mayoría de los seres humanos usan sólo el cinco por ciento del poder de su cerebro es aceptada desde hace tiempo por la comunidad científica. Sin embargo, los investigadores científicos ni siquiera intentan indagar acerca del funcionamiento de la conciencia, la más importante de todas las funciones mentales. Al contrario, si es que ésta llega a tenerse en cuenta, se observa como una etapa posterior —y a veces opcional— en el proceso de la información cognitiva.

Desde la perspectiva de *El Zóhar* sobre este complejo tema, la mente contiene un "universo" oculto de actividades. Tanto la ciencia como la Kabbalah están de acuerdo en que la mente realiza tareas complejas de reconocimiento de patrones y lleva a cabo operaciones que controlan la conciencia de nuestro entorno. La mente también determina qué intenciones queremos perseguir y qué acciones deseamos emprender. Pero la Kabbalah nos enseña que la mente también rige las experiencias que parecen originarse más allá de nuestro alcance, como por ejemplo, si vivimos en la riqueza o en la pobreza. De hecho, es perfectamente lógico que estas experiencias sean asignadas al terreno de la mente. Si un hombre sufre una situación de pobreza, por ejemplo, ¿no es debido a que no logró reconocer algún elemento que hubiera asegurado el éxito de su negocio? Sin embargo, este es un proceso "inconsciente" en el sentido más profundo de la palabra. En realidad, la mente está organizada por fuerzas invisibles que estructuran y re-estructuran la realidad de forma constante. Por supuesto, nosotros no somos conscientes de que este proceso esté sucediendo. Sólo percibimos la versión final de la realidad, y deducimos que siempre ha sido así.

LA MENTE EN LA MATERIA

A simple vista, en la vida diaria, las cosas parecen estar desprovistas de cualquier orden o forma. Pero si las examinamos más de cerca, percibiremos que hay un orden oculto. Pensemos en los mensajes en código Morse. Para cualquiera que no lo conozca, este código no es más que una mezcla de sonidos al azar, sin sentido. Para quienes lo manejan, sin embargo, representa una señal inteligente. Cuando la información está codificada, descifrarla puede ser una tarea extremadamente difícil.

Del mismo modo, se han identificado dos universos paralelos: el "Árbol de la Vida" —el nivel de conciencia ordenado y verdadero— y el "Árbol del Conocimiento del Bien y del Mal", que es la realidad ilusoria en la que el azar, la incertidumbre, el caos, el desorden, la enfermedad y la desdicha hacen sentir su presencia. ¿Cuál elegiremos? No cometamos un error: la elección, realmente, es nuestra.

Una importante teoría de la física moderna nos dice que un objeto material no existe hasta el momento en que la observación lo crea. En otras palabras, sólo cuando veo una silla o un árbol, estos objetos se tornan reales, y no antes de eso. La silla existe y no existe, depende de si es observada o no.

Por supuesto, este principio de dos realidades fue presentado hace mucho tiempo en *El Zóhar*. No sólo el concepto de "mente sobre materia" sino también el de "la mente crea la materia", han sido desde siempre los cimientos de las enseñanzas kabbalísticas.

En el libro bíblico del Éxodo, el principio de la mente sobre la materia está claramente ilustrado por la capacidad —tanto de Aarón como de los magos egipcios— de transformar sus bastones en serpientes. Y no pensemos que en este episodio se relata sólo un truco de magia o un ejemplo en el que la mano es más rápida que el ojo; *El Zóhar* afirma enfáticamente que éste fue un caso en el que se produjo una transformación real como resultado del poder de la mente. Por lo tanto, en la interpretación que hace *El Zóhar* de este versículo bíblico, los bastones, efectivamente, se convirtieron en serpientes. Todos hemos oído hablar del ilusionismo de Harry Houdini, pero esa clase de trucos no se practicaban en el antiguo Egipto. En su lugar, se ejercía un asombroso poder sobre la estructura molecular y atómica de la materia.

EL PODER DEL MUNDO INTERIOR

Tú tienes un alma y deberías aprender a usarla. Hay dos niveles de existencia humana: la conciencia interna del alma, que es la verdadera realidad, y la conciencia externa del cuerpo y de lo físico en general, que no es más que una ilusión extremadamente convincente.

Antes del pecado de Adán, el universo entero estaba conectado con el Creador, sin limitaciones de espacio y tiempo, y liberado de la entropía y la muerte. La conciencia del cuerpo estaba completamente dominada por la conciencia del alma. Sin embargo, con la caída de Adán, la conciencia del cuerpo se reconoció a sí misma, arrastrando no sólo a Adán sino también al mundo entero. Como sus descendientes, nosotros hemos estado luchando desde entonces para recuperar el Edén de la Creación.

Existen muchos estados de conciencia y no todos ellos son benignos. Pero ya que nunca podemos separarnos por completo de nuestro universo, hasta el más bajo de estos estados contiene un inmenso poder que no debemos tomar a la ligera. El único medio que tiene el alma para manejar este poder, a medida que viaja a través de los innumerables niveles que componen el universo metafísico, es crear una Unidad con el Creador. Los mejores y los únicos mapas que permiten lograr este objetivo son las enseñanzas de la Kabbalah y las revelaciones de *El Zóhar*. Este libro, que examina en detalle la anatomía física y espiritual del individuo, nos permite aprender exactamente qué es lo que hay tanto en el interior de nuestra conciencia, como en los lugares más distantes de las galaxias.

Particularmente, dos revelaciones notables surgen a partir de *El Zóhar*. La primera se refiere al concepto de que nosotros mismos somos los productores y directores de la gran película del universo. La segunda, consiste en que toda la humanidad —tanto en forma colectiva como individual— es un microcosmos formado por todas las entidades de los mundos celestiales y terrenales del universo.

Es posible que los pensadores mecanicistas se muestren escépticos y sorprendidos ante estos preceptos, pero *El Zóhar* es muy claro en ese sentido: la humanidad es inseparable del universo como un todo, y el cosmos mismo consiste en una conciencia de alma y de cuerpo.

Ésta es una revelación absolutamente sorprendente. Apegar la idea de conciencia a la del cosmos, es la declaración más osada de todas las que hace *El Zóhar*. Al ejemplificar esta idea, Rav Shimón bar Yojái alcanzó un grado de conciencia extremadamente alto. No encontró ninguna dificultad en definir con precisión qué estaba ocurriendo en cada uno de los niveles de la realidad. Sin límites de espacio o tiempo, él pudo acceder a la información que claramente revelaba el futuro y el pasado.

Ahora que nosotros nos encontramos en la Era de Acuario, ¿cómo podemos avanzar en la obtención de esta información?

Por supuesto, *El Zóhar* nos da la respuesta a esta pregunta en su descripción de la estrecha relación que existe entre el mundo celestial del cosmos y el mundo terrenal del hombre. Esta descripción también revela nuestra fascinación por "lo desconocido" en el espacio galáctico, una fascinación que comenzó a existir desde el momento mismo en que tomamos conciencia de la estructura y el orden del universo. Este interés surgió cuando se estableció una conciencia de la dimensión del mundo celestial, y de su profunda influencia en nuestros asuntos.

Si bien en los últimos 300 años se han hecho muchos intentos para explicar el intrincado diseño del universo que hoy habitamos, dichos intentos han dejado muchas conclusiones todavía pendientes de un hilo. Los científicos continúan aferrados a la creencia de que la clave para comprender el cosmos no se halla en entender los inicios de su estructura y organización, sino en la comprensión de las leyes y principios de la naturaleza que mantienen el sistema cósmico y hacen que opere en forma ordenada.

Al ignorar el objetivo más profundo que subyace en cada causa y efecto, y debido a la complejidad de la cuestión, los científicos parecen dirigirse hacia lo que sólo se puede describir como una salida fácil. Rav Shimón bar Yojái, en *El Zóhar*, reconoció que para poder afrontar lo desconocido es necesario que descubramos las causas primarias de los acontecimientos, tarea a la cual la ciencia contemporánea no puede enfrentarse.

La Kabbalah describe al cosmos en términos de energía inteligente positiva y negativa. La conciencia interna e inmaterial de los cuerpos celestes, al igual que el alma del hombre, está en comunicación directa con el Creador. Los siete planetas actúan como canales orbitales para las siete emanaciones de la inteligencia cósmica, conocidas como las siete Sefirot.

Los mensajes inteligentes que están encapsulados y codificados en las Sefirot son las fuerzas fundamentales que constituyen nuestro sistema solar, así como el cosmos mismo. Lo que surge a partir de la revelación de *El Zóhar*, es que las formas de inteligencia que emanan de estas Sefirot son las responsables directas de la manifestación universal. Y lo que es aún más importante, son las fuerzas que impulsan nuestra actividad diaria. En otras palabras, son fuerzas extraterrestres invisibles las que afectan y determinan las subidas y bajadas de nuestros sucesos cotidianos.

LA CONCIENCIA ES CONTAGIOSA

A fin de asegurarnos la plenitud, debemos permanecer unidos a la conciencia del alma del cosmos. Sin embargo, el concepto de la conciencia del alma se extiende más allá de la región celestial de los planetas y de los signos de nuestra constelación.

No deberíamos sorprendernos si las computadoras u otros mecanismos de alta tecnología comienzan a mostrar su propia conciencia. Los diseñadores que instalan programas informáticos y los consumidores que usan esas máquinas, todos dejan su marca en ellas. Cuanto más nos acercamos a las partículas subatómicas y a los átomos, más nos acercamos a la conciencia psicológica y robótica de estos instrumentos de comunicación. Podemos estar seguros de que esos instrumentos no tienen libre albedrío. Sin embargo, sí poseen una conciencia interna para realizar lo que se les ha instruido. El aspecto material, corpóreo de estas máquinas de información se halla en la categoría de la conciencia corporal. Como tales, las máquinas que quedan expuestas a energías y ambientes negativos, reciben su influencia. Este concepto tiene efectos muy tangibles y prácticos. Por ejemplo, una mesa en un restaurante que antes fue ocupada por personas negativas debe ser evitada, ya que las vibraciones de los comensales anteriores pueden perpetuar su influencia negativa a través de la conciencia corporal de las sillas y mesas. De manera que si fuiste a uno de tus restaurantes favoritos y no disfrutaste de la comida ¡es muy probable que la culpa fuera de la mesa, y no del chef!

Estar en armonía con el medio ambiente es tan importante como familiarizarse con la clase de comida que comemos o conocer el mecanismo operativo de la compañía que llevamos adelante. Antes de mudarte a un apartamento o una casa nueva, por ejemplo, debes informarte bien acerca de sus ocupantes anteriores, cuyas vibraciones continuarán estando presentes mucho tiempo después de que se hayan ido. Si el dolor o la desdicha marcaron la vida de los antiguos habitantes de ese lugar, es probable que los nuevos propietarios sientan que esta energía inteligente negativa continúa ejerciendo una influencia en sus vidas y sus relaciones.

Una lectura detallada de *El Zóhar* nos sugiere que los objetos inanimados en realidad no son objetos sin vida como creíamos. El aire y la tierra están hechos de moléculas y átomos que vibran. Ambos están compuestos de partículas que interactúan unas con otras, creando y destruyendo otras partículas. De modo similar, los átomos de tu cuerpo participan de forma colectiva de una danza cósmica de energía y actividad. Las cosas que están "ahí afuera" no son independientes de nosotros. Por el contrario, todos nosotros y todas las cosas actuamos e interactuamos, unos con otros. Por lo tanto, la variada conciencia del alma y del cuerpo de nuestro universo se combinan para crear e influir en las actividades y movimientos de todo lo que está dentro de éste.

Aparentemente, no nos queda demasiado espacio para actuar o comportarnos de cierta manera en un contexto que nos permita la libre elección y autodeterminación. En realidad, este concepto es la base de la teoría cuántica, y ha llevado a algunos científicos a concluir que el hombre vive en un universo en el que nadie puede ser considerado responsable por sus acciones. Después de todo, si las influencias externas son tan invasivas e intensas ¿de qué grado de voluntad dispone la humanidad?

Si llevamos esta idea al extremo, un delincuente o un asesino podría decir en defensa propia que las fuerzas que están fuera de su control fueron responsables de sus actividades criminales. Pero a pesar de estas inferencias, la revelación del Monte Sinaí sí deja lugar para el libre albedrío. Los Diez Mandamientos, que incluyen la prohibición de la actividad criminal, claramente establecen que hay un grado de control en el proceso de toma de decisiones de la humanidad. Si bien es cierto que somos continuamente bombardeados por una infinita cantidad de pensamientos, la visión kabbalística del mundo sostiene que sí podemos ejercer nuestra libre elección, y que de hecho lo hacemos.

Todos los letreros parecen apuntar a la misma dirección: las influencias externas, procedentes incluso de las galaxias más distantes, contribuyen en forma significativa a la formación de nuestro comportamiento, e influyen en el modo en el que procedemos. No hay forma de lograr que estas energías inteligentes se desvanezcan, ya que son parte de nuestro paisaje universal. Éstas, a veces nos asistirán y apoyarán en nuestros objetivos y otras crearán un ambiente caótico en el que las cosas empezarán a torcerse. El estudio de la Kabbalah consiste tanto en examinar la energía inteligente positiva de nuestro cosmos, como en crear un escudo protector para protegernos de la actividad cósmica negativa.

Debido a que tenemos una conciencia muy aguda sobre nuestras propias limitaciones y los prejuicios inherentes en los cuales nacemos, nuestra conciencia colectiva por sí misma nos da muy pocas oportunidades de lograr una actitud cuántica positiva. Pero cuando escaneamos *El Zóhar* y participamos de la meditación kabbalística, fomentamos un nivel de energía inteligente más positivo para nosotros, para el mundo y para el universo.

La Kabbalah se esfuerza por promover la toma de conciencia en el individuo y el reconocimiento del gran potencial de la humanidad, a la vez que evita deliberadamente las ideas preconcebidas o los vínculos políticos. Estudiar la Kabbalah permitirá y llevará a la humanidad a darse cuenta de que aquello que sirve a la conciencia colectiva, también es perfectamente útil para las necesidades del individuo.

INTELIGENCIA: PARA CADA RESPUESTA, OTRA PREGUNTA

La mente del hombre siempre ha resultado tan misteriosa y fascinante como el universo mismo. Pero recientemente la investigación de la naturaleza de la mente ha pasado a formar parte de la ciencia experimental. Y a medida que se obtiene más información sobre el funcionamiento de nuestros procesos mentales, surgen más preguntas.

La inteligencia es uno de los atributos humanos más deseados, aunque que no significa exactamente lo mismo para todo el mundo. Algunos sostienen que hace referencia a la habilidad para llevar a cabo con éxito las funciones mentales. Pero entonces nos preguntamos: ¿qué funciones específicas se consideran relevantes?

La capacidad de razonamiento tiene algo en común con la inteligencia, y la memoria juega también un papel en ella. Pero, ¿qué podemos decir de esa gente que posee un nivel de inventiva extraordinario, pero cuya memoria falla cuando necesita recordar una información vital? ¿Y qué hay de aquellas personas que supuestamente pertenecen al otro lado del espectro, como los autistas? Este término se utiliza para describir a los individuos a los cuales les resulta difícil realizar las operaciones mentales más cotidianas, pero que demuestran capacidades extraordinarias en otras áreas específicas.

Hasta el día de hoy, los test de inteligencia han frustrado a muchos psiquiatras y analistas. El concepto de coeficiente intelectual, conocido como IQ (Intelligence Quotient), se encuentra bajo una revisión constante porque la información en la que se basa la evaluación también fluctúa continuamente. Si bien las pruebas de inteligencia son enormemente útiles -y sin duda nos acompañarán durante algún tiempo- los expertos en salud mental todavía no están seguros del verdadero alcance y significado de estas mediciones.

Hasta hace poco tiempo, los psicólogos sostenían que la inteligencia estaba determinada por la herencia, y por lo tanto se mantenía invariable a lo largo de la vida. De todas formas, sean o no estos test buenos medidores de la inteligencia, existen indicadores que demuestran que la inteligencia puede sufrir cambios durante el transcurso de la vida de un individuo. Por ejemplo, cada vez es más difícil ignorar las pruebas abrumadoras que demuestran que la inteligencia puede potenciarse mediante la educación. Enfrentémonos entonces a la cruda realidad: a pesar de todos los datos e investigaciones científicas que se han ido acumulando a lo largo de los años, no nos encontramos más cerca que antes de obtener una definición clara de la inteligencia. Ningún test actual puede medir realmente la inteligencia "en crudo", sin haber sido influenciada por la exposición al proceso de aprendizaje. Un resultado del test de inteligencia superior al promedio, puede reflejar simplemente una experiencia educativa superior al promedio.

Por el contrario, la visión kabbalística de la inteligencia es completamente relativa y depende de cada individuo singular y particular. Desde el punto de vista kabbalístico, no existen patrones objetivos para medir la inteligencia de un ser humano. Las mediciones más completas, que lamentablemente se hallan ocultas, están vinculadas a la encarnación previa de cada persona. Como resultado del proceso de Tikún, cada individuo, independientemente de su entorno social, familia u otras relaciones, puede iniciarse en una espiral de crecimiento intelectual.

Los niveles de inteligencia son conocidos por sus nombres kabbalísticos en clave, que el kabbalista reconoce claramente. Las Sefirot, o niveles de conciencia, se dividen en cinco gradaciones a las cuales la humanidad puede aspirar a fin de lograr niveles más altos de conciencia y creatividad. Desde el punto de vista kabbalístico, no existe el poder de la mente subconsciente. Por el contrario, la mente de cada persona tiene las mismas aptitudes y capacidades; es tan sólo un canal. Las diferencias en el uso que cada uno hace de su mente, giran alrededor del deseo de crecer espiritualmente. Los psiquiatras y psicólogos han confundido la mente subconsciente con la conciencia, la cual ya existe en el cosmos. La mente es tan sólo el medio a través del cual nos conectamos con los distintos niveles de conciencia que pertenecen al reino superior del cosmos.

¿SON LOS TEST DE INTELIGENCIA REALMENTE INTELIGENTES?

Si bien a la mayoría de nosotros nos gusta pensar que sabemos reconocer la inteligencia cuando la vemos, tratar de explicar en qué consiste es un problema persistente. En realidad, los investigadores todavía no han logrado una definición que los satisfaga. Algunos consideran que la inteligencia es una combinación de aptitudes relacionadas entre sí, entre las que se incluyen: la comprensión, la creatividad, la flexibilidad y la velocidad con la que el cerebro puede procesar información.

La mayoría de los test de inteligencia que se utilizan en la actualidad reflejan este enfoque multifacético. Algunos de ellos miden las aptitudes mencionadas, mientras que otros consideran factores adicionales como la memoria o la percepción espacial.

¿Acaso este tipo de test concluye que el sujeto que no puede recordar una información instantáneamente tiene una deficiencia en su coeficiente intelectual? Encuentro esta afirmación muy difícil de aceptar, dado el poco consenso que hay acerca de qué es la inteligencia en primer lugar. Suponer que la inteligencia es pura y simplemente un producto de los genes y del entorno, sólo oscurece la cuestión. No se ha identificado ni un solo gen respecto del cual se pueda decir que contribuye a la inteligencia humana.

Las pruebas de que la herencia juega un papel importante en este ámbito, surgen únicamente a partir de estudiar a ciertos miembros de una misma familia con un grado de parentesco muy cercano. Los hermanos gemelos se parecen más en su coeficiente intelectual que otros que no comparten los mismos genes. Sin embargo, desde la perspectiva de la Kabbalah, debemos preguntarnos en primer lugar: "¿por qué esos gemelos idénticos fueron colocados en ese entorno?" Sencillamente, primero debemos evaluar las causas posibles, y determinar qué fue lo que dio lugar a esas circunstancias, antes de examinar el resultado final.

Por lo tanto, la conclusión de que los gemelos tienen un coeficiente intelectual similar nos obliga a reflexionar sobre los factores que causaron la venida al mundo de esas dos personas. Los datos de naturaleza física nunca pueden explicar las causas primarias ni sirven de base para las conclusiones finales. El punto de partida para toda investigación exige, esencialmente, que encontremos respuestas al "por qué" de las cosas. Así, la primera pregunta que debe formular el investigador es: "¿por qué este par de gemelos idénticos —y no otro— fueron traídos al mundo por estos padres?" Para encontrar la respuesta debemos observar los patrones de la reencarnación y el proceso de *Tikún*.

La Kabbalah nos enseña que la verdadera definición de la inteligencia se encuentra en la acumulación de los "datos" metafísicos derivados de la experiencia y del contexto de todas nuestras vidas anteriores. Nuestra inteligencia actual es la "impresión mental" de esas vidas pasadas, tal como si las hubiera registrado una computadora. Una vez entendido esto, volvamos a la pregunta acerca de si podemos elevar nuestro IQ. No existe prácticamente ningún estudio que investigue un esfuerzo deliberado para aumentar el nivel de IQ. La razón de esta falta de interés, radica en el hecho de que la mayoría de los expertos ya han aceptado el rol de la herencia en la determinación de la inteligencia. Han concluido que después de los siete años de edad, el IQ de una persona tiende a permanecer siempre igual, lo cual implica que es prácticamente imposible elevarlo.

¿Este enunciado no propone, acaso, que todas nuestras actividades de la vida adulta permanecen al mismo nivel que las de la escuela primaria? Además, la tendencia a conservar el mismo IQ a lo largo de nuestras vidas sugiere la existencia de un "destino" inmutable, sobre el cual el libre albedrío no puede tener ningún efecto. Una vez más, esto relega a la humanidad a una mera conciencia robótica.

El continuo debate del determinismo en oposición al libre albedrío es una discusión que, quienes no somos expertos en ciencias, debemos comenzar a comprender y resolver. Es más, queremos llegar a entenderlo muy bien. Personas de todo el mundo están interesadas en un cambio. Quieren tomar los asuntos en sus propias manos en lugar de dejárselos al gobierno u otros entes sociales. De alguna forma, esta es una señal muy alentadora. Significa que "el hombre de la calle" se ha dado cuenta de que el futuro de su salud y su bienestar dependen cada vez más de sus decisiones personales y de las elecciones en su estilo de vida.

Ahora retomamos nuestra pregunta original: "¿Podemos aumentar nuestro IQ?". La respuesta es claramente afirmativa. La Luz interior de la mente está íntimamente ligada al proceso de *Tikún*. Cuando logramos realizar una corrección espiritual a través de la Restricción, eliminamos una barrera o una cortina que nos separa de nuestra Luz interior. En cualquier momento de nuestra vida actual, cuando se presenta la oportunidad de realizar una Restricción y logramos realizar nuestra corrección, la eliminación de la barrera revelará un mayor nivel de conciencia e inteligencia en nuestra Luz interior particular.

La inteligencia, tal como la define el kabbalista, es nuestro agregado "limitado" o capacidad universal para pensar, actuar y manejarnos de manera efectiva en el mundo corpóreo. La inteligencia de cada uno debe ser considerada como limitada, simplemente porque la aptitud y la capacidad de recibir están regidas por la conciencia individual del alma que ha sido establecida para el proceso de *Tikún* de esa persona. Por lo tanto, cada uno de nosotros debe entrar a este mundo necesariamente con una Luz interior que nos proporcione la energía de inteligencia mínima que necesitamos para enfrentarnos a la película del proceso de *Tikún*. No existe ningún caso en el que la energía de la Luz interior resulte inadecuada o insuficiente para enfrentarnos a un *Tikún* inminente, esto es, a la corrección de una situación que no se pudo reparar en una vida anterior. Y en cada encuentro exitoso en el que, finalmente, la Restricción sale vencedora, el individuo es recompensado con un estado elevado de conciencia superior a la inteligencia original de la Luz interior con la que nació.

Por ejemplo, si un hombre cometió un delito en un día específico de su vigésimo año durante una o más de sus anteriores vidas, la oportunidad para la corrección se presentará nuevamente ese mismo día de su vida actual, en el vigésimo año. Si este hombre ejercita la Restricción esta vez, la cortina que cubre la conciencia de la Luz interior será eliminada. En virtud de esta Restricción se logrará un mayor nivel de inteligencia.

De manera que los "casos especiales", mencionados en muchos estudios que sugieren que es posible aumentar el IQ, no son excepcionales en absoluto. Por el contrario, representan ejemplos de las personas que han realizado Restricción en sus vidas, y a través de ella han revelado un mayor nivel de inteligencia. En toda la humanidad, el potencial para lograr estos niveles más altos existe desde el momento de nuestro nacimiento. Todos nosotros poseemos una mina de oro de la cual podemos extraer todo lo que necesitamos para vivir en la felicidad y la abundancia.

LA CONCIENCIA DE LA LUZ INTERIOR

A fines del siglo XX, la civilización occidental parecía estar dispuesta a renunciar a todo para satisfacer exclusivamente los placeres personales. La Restricción comenzó a ser poco común, malentendida y completamente olvidada. La destrucción de los recursos naturales de la tierra no fue detenida, sin importar el precio que finalmente tendríamos que pagar por semejante despilfarro. Se erosionaron los valores, especialmente los de la vida humana.

Por otro lado, los primeros años del siglo XXI hicieron que nos diéramos cuenta de que es inútil intentar resolver los problemas de la sociedad tratando temas como los salarios, la vivienda, la enfermedad y el delito. Esa es al menos la percepción del público en general. Sin embargo, las instituciones de la sociedad siguen quedando rezagadas, ya que el gobierno, el comercio y la medicina continúan poniendo el foco en los síntomas, en lugar de concentrarse en las causas. El fallo principal de esta perspectiva se encuentra en su imposibilidad de preguntarse "¿por qué?". En lugar de dirigir la energía hacia la curación del ser como un todo integrado, se dirige la atención a un proceso en el que se tratan los signos externos, a la vez que se ignora la causa metafísica.

Existe una Luz Interior en los confines del nivel metafísico. Los kabbalistas han entendido desde hace mucho tiempo que para resolver cualquier problema, primero debemos ubicar esa cuestión en un contexto más amplio, en una totalidad. Para comprender el microcosmos, es necesario que tengamos en cuenta el macrocosmos. Sin embargo, a la población general se le sigue negando la recompensa que viene junto con la comprensión de todo esto.

Desde el punto de vista kabbalístico, no existe un poder oculto en la mente subconsciente. Muchas personas de todo el mundo con una orientación espiritual ya han comenzado su viaje para alcanzar la inteligencia infinita que todos podemos poseer. Y cuando hablo de orientación espiritual, me refiero a esa gente que ha asumido que debe esforzarse para lograr una conciencia de compartir, y que debe introducir el principio de la Restricción en su vida diaria. Ellos controlan este proceso. No están sujetos a la coacción de la mente inconsciente. De hecho, la inteligencia infinita del cosmos —que no está obstaculizada por el tiempo, el espacio y el movimiento— puede revelar todo lo que necesitamos saber en cada momento, siempre que mantengamos nuestra mente abierta y seamos receptivos a ella.

Podemos recurrir al fabuloso poder del cosmos a nuestra voluntad y de ese modo aumentar nuestra conciencia mucho más allá de lo que imaginamos. Al aprender cómo podemos acceder y revelar el poder oculto del cosmos, podemos lograr que llegue más poder, riqueza, felicidad, alegría y salud a nuestras vidas. Esta gran reserva de beneficencia cósmica nos pertenece a todos. Sin embargo, sólo aquellos que adquieran el conocimiento y el entendimiento necesarios para expandir la capacidad del poder de su mente, podrán recibir esta fuente infinita de sabiduría. Es nuestro derecho y privilegio descubrir este mundo interior de la conciencia. Aunque es invisible, su fuerza es sorprendente y poderosa. Nos puede permitir encontrar la solución a todos los problemas, y lo que es más significativo, la causa original de todos los efectos.

En todos y cada uno de los seres humanos existe una sola mente. Sin embargo, la mente posee dos conjuntos funcionales de conciencia. Estas dos funciones están directamente vinculadas con las doctrinas kabbalísticas de la conciencia de la Luz interior y la conciencia de la Luz circundante.

La conciencia de la Luz interior incluye tanto la mente racional y consciente, como la inconsciente. La conciencia es un proceso automático del cerebro físico. Si bien los científicos aseguran que existe una relación entre la conciencia y el cerebro, en realidad no saben cuál es esa conexión. Por el momento, lo que se podría considerar como conciencia de la mente entra en la categoría de conciencia de la Luz interior.

Durante mucho tiempo los científicos han evadido la idea de la existencia de un intelecto racional por debajo de la conciencia. Los problemas psicosomáticos o emocionales, o esas preocupaciones sin motivo alguno, son algunas de las consecuencias de la conducta anormal de la actividad mental, que produce luchas muy tensas en el subconsciente. El rol del inconsciente en los trastornos emocionales rara vez es mencionado por los psiquiatras, a pesar de la singular capacidad de la mente para formar conceptos o imágenes abstractas que, a su vez, pueden generar cambios físicos en el cuerpo.

Las realidades conscientes e inconscientes son únicas e individuales. Dentro de cada persona, están establecidas en un nivel de inteligencia que depende enteramente de los mandatos de las vidas anteriores. Hasta cierto punto, estos niveles se pueden medir. Los orígenes del comportamiento humano se pueden rastrear hasta encarnaciones anteriores y no resultan afectados por las circunstancias del entorno social.

La mente es inmaterial, es un producto singular e intangible de nuestras vidas anteriores, que procesa la información que le llega a través de todo lo que nos rodea. Luego envía sus conclusiones al cerebro. De esta manera, la mente posee la capacidad de regular y controlar el cerebro.

Como producto de la actividad de la mente, el cerebro controla las funciones eléctricas y químicas del cuerpo. Según las enseñanzas kabbalísticas, el cerebro es la *Kéter* (Corona), es decir, la semilla de toda manifestación y actividad física. El kabbalista busca siempre las causas primarias. La cabeza es la *Kéter* del desarrollo humano; es lo que primero crece y lo que más rápido se desarrolla en el útero de la madre. Su energía inteligente interna consiste en la *Sefirá* de *Kéter*, que tiene el extraordinario poder del Todo, en el que todo está incluido. Como la semilla de un árbol, que abarca todas sus manifestaciones físicas futuras, el cerebro posee la impresionante capacidad de controlar y regular la distribución del poder de la mente, producido por la impresión de la computadora mental.

El extraordinario poder que despliega la mente cuando dirige los procesos electromecánicos del cuerpo humano con tanta precisión, está más allá de nuestra capacidad de comprensión. De alguna manera, la mente fija determinados objetivos a partir de los cuales quiere completar una tarea específica. Controlando actividades fisiológicas particulares, la mente incluso proyecta los resultados de lo que se pretende lograr durante ese proceso. De acuerdo con las enseñanzas kabbalísticas, la tarea que se desea completar se establece mucho tiempo antes de que los elementos del cerebro sean llamados a realizar las funciones necesarias para concretar las intenciones de la mente.

Una idea que ha sido comprendida por la mente, ya incluye todas las acciones que debe llevar a cabo para lograr su objetivo, así como las intenciones y decisiones con las cuales controlará los procesos neurofisiológicos necesarios para lograr ese objetivo. Para poder apreciar este poder mental extraordinario, sólo debemos tener en cuenta la enorme cantidad de información sobre las encarnaciones anteriores que la mente recibe por anticipado; dado que la mente posee una "conciencia robótica" incorporada, no existen fallas o errores en las instrucciones que se envían al cerebro. La función del cerebro consiste en ejecutar en el terreno físico las intenciones y las decisiones de la mente.

El pensamiento abstracto, el razonamiento avanzado, el aprendizaje, el criterio, la planificación, no serían posibles sin una mente humana sumamente desarrollada. Pero la mente es mucho más que un centro de energía de actividad intelectual. También regula, dirige y coordina todas las impresiones sensoriales que recibimos y todas las emociones que sentimos. Gracias a nuestro proceso individual de *Tikún*, que está ligado a nuestras vidas anteriores, podemos comprender por qué cada uno de nosotros ve las mismas cosas de maneras tan diferentes. Podemos entender por qué reaccionamos de maneras dispares ante las mismas circunstancias. En resumen, nuestro proceso individual de *Tikún* es lo que diferencia a un ser humano de otro.

¿QUÉ HAY EN CARTELERA?

Anteriormente he comparado a la mente y al cerebro con un proyector de películas. Del mismo modo que las imágenes que emite este aparato dependen de la película colocada, la mente-cerebro sigue las instrucciones de la "película" del proceso de *Tikún*. Pero ahí finaliza toda comparación. Mientras que un proyector de películas revela información visual mediante un fotograma por vez, el cerebro, con sus trillones de interconexiones neuronales, procesa información atravesando millones de caminos multidireccionales en el mismo instante. Un proyector no puede decidir si estás malgastando tu talento, ni resolver si debes embarcarte en una nueva forma de vida. Incluso una computadora equipada con la tecnología más avanzada no puede alterar radicalmente su propia programación. Sin embargo, el cerebro humano siempre debe reprogramarse a sí mismo antes de moverse hacia una nueva dirección.

El cerebro, el centro de comando del sistema nervioso, también es el intermediario de la capacidad intrínseca de la mente humana para ejercer el libre albedrío. El proceso de *Tikún* permite que cada persona pueda alterar el programa de su mente, y de esa manera genere cambios en la manifestación final de las actividades del cerebro.

La mente y su vinculación con el cuerpo humano, incluido el cerebro, siguen siendo un misterio. La gran brecha que la ciencia debe reducir en el campo del conocimiento de la mente se puede expresar de la siguiente forma: "¿de qué manera se traducen en conciencia las acciones del sistema nervioso? ¿Qué papel juega el cerebro en este escenario?" A medida que se descubren nuevos conocimientos, la ciencia va modificando y reemplazando los puntos de vista arcaicos. Sin embargo, el único resultado es la aparición de preguntas cada vez más complicadas, que dejan sin resolver la cuestión clave: "¿qué es la mente?"

El cerebro tiene dos propósitos. El primero es proyectar la imagen de su película mental. El segundo, consiste en manifestar las instrucciones y regular su movimiento dinámico dentro del cuerpo físico. La ciencia, como hemos dicho, ha propuesto una división total entre mente y cuerpo. Por supuesto, una vez que fue reconocida la naturaleza inclusiva de la mente, surgió una gran cantidad de nuevos problemas, muchos de los cuales todavía no han sido resueltos en la actualidad.

Si aceptamos que la mente conoce todas las cuestiones y las relaciones inmensamente complejas de la vida, podríamos preguntarnos: ¿Cómo sabe todo esto la mente? Y, ¿cómo se relaciona con ello?". El cerebro era y es visto por muchos como un simple almacén repleto de todo tipo de muebles. Bajo esta visión, la intuición, el déjà vu, los flashes de creatividad y todo lo que sabemos sobre el mundo que nos rodea, debe ser explicado como algo que fue "traído desde afuera". Los realistas prácticos, conocidos como empíricos, se rehúsan a aceptar el concepto de las ideas innatas. Se niegan aceptar la idea de un cerebro que nace con una cantidad pequeña pero básica de muebles —Luz interior— a pesar de la existencia de pruebas abrumadoras que respaldan esta teoría.

El misterioso campo del inconsciente es, desde el punto de vista kabbalístico, nuestra película mental, con una producción y un reparto determinado por nuestras vidas y encarnaciones anteriores. Las complejas maquinaciones del cerebro nos proporcionan una mirada a nuestra propia "compañía productora" metafísica. Para apreciar la inmensidad de la mente que permanecerá eternamente oculta a todo medio físico de detección, analicemos brevemente la sorprendente complejidad del sistema nervioso humano.

Por nuestro cuerpo corren redes completas de células nerviosas que conectan cada pequeña porción de tejido con más de 10 billones de estas células que rigen el cerebro. Por estas súper carreteras neuronales viajan impulsos eléctricos que conectan la infraestructura a velocidades de más de 400 millas por hora. Estos impulsos realizan maniobras increíbles en los angostos espacios que existen entre las células. Juntos, los elementos de este sistema de comunicación funcionan muchísimo mejor que cualquier dispositivo de telecomunicaciones de alta tecnología diseñado por el hombre. Estas distintas redes desarrollan de forma simultánea una deslumbrante gama de tareas.

Cualquiera que sea la naturaleza de la mente o de nuestra computadora mental, los mecanismos a través de los cuales ella se expresa están más allá de la creencia científica. Por tanto, cuando consideramos a la mente en sí misma: ¿desde dónde y a partir de qué punto podrán comenzar los científicos su investigación? Ellos enfrentan obstáculos insalvables, incluso cuando sólo abordan el estudio del cerebro en su aspecto físico. Por lo tanto, la exploración del proceso mental, o de cómo funciona la mente, es un estudio que no tiene punto de partida. El dilema al que se enfrentan los psiquiatras y otros investigadores sigue intacto. En la actualidad es difícil hallar neurocientíficos respetables que piensen que la mente existe de forma separada a las funciones del cerebro físico y del cuerpo. Sin embargo, lo que algunos investigadores han denominado "el fantasma en la máquina" continúa socavando los esfuerzos por describir científicamente el pensamiento humano consciente e inconsciente. Las respuestas se encuentran, indudablemente, en el campo de la metafísica, que es ese nivel de la realidad en el que el modelo bioquímico se detiene abruptamente.

DORMIR: MÁS DE LO QUE JAMÁS HAS SOÑADO

En promedio, pasamos casi un tercio de nuestras vidas durmiendo. Sin embargo, sabemos poco acerca de cuál es el objetivo del sueño. Algunos investigadores sostienen que tiene una función reparadora. Nuestros cuerpos necesitan dormir, pero ¿cómo satisface el sueño estas necesidades? ¿Por qué nos despertamos renovados? Hasta el día de hoy, las respuestas a estas preguntas no están claras.

Poco sabe la ciencia sobre la vida nocturna del cerebro. No fue hasta la década de los cincuenta que unos investigadores de la Universidad de Chicago descubrieron que las personas realizan rápidos movimientos con los ojos mientras duermen. Cuando estos individuos eran despertados durante dichos movimientos, aseguraban que habían estado soñando. Los investigadores también determinaron que el latido del corazón se acelera durante los sueños y que los patrones de ondas cerebrales se parecen a las de alguien que está despierto y alerta. Toda una actividad nocturna para el cerebro, cuya enorme y compleja tarea nunca le permite el lujo de tomarse vacaciones, ¡ni siquiera un solo día de descanso!

Con toda esta actividad, combinada con la totalidad de las tareas que el cerebro debe regular, controlar e iniciar, incluso mientras dormimos, no sorprende que nuestras instituciones psiquiátricas estén al tope de su capacidad. El fenómeno del sueño, junto con todos los misterios que lo rodean, establece de manera concluyente que sí existe un "fantasma en la máquina" del cerebro. Ese fantasma es nuestra Luz interior, la mente, nuestra computadora mental. No existe otra respuesta que pueda explicar la extraordinaria capacidad del cerebro para funcionar las 24 horas del día, durante tantos años.

Si bien hay muchas similitudes entre el funcionamiento de los aparatos electrónicos y el del cerebro, nadie ha planteado todavía la posibilidad de que la actuación de una máquina hecha por el hombre pueda igualar algún día a la del cerebro. Tanto el cerebro como la computadora procesan material que entra en crudo, con el respaldo de circuitos complejos. Ambos poseen sistemas incorporados para almacenar enormes cantidades de información en sus bancos de memoria. Sin embargo, el cerebro también recurre a cierta información almacenada sobre cosas que nunca experimentó; al menos, no en esta vida. Por otro lado, la computadora sólo puede acceder a la información acumulada que fue colocada allí por un programador o por un programa.

La falta prolongada de sueño da como resultado la imposibilidad de funcionar normalmente. De repente, nos encontramos en una condición en la que nos resulta difícil realizar tareas mentales y físicas básicas. Los experimentos vinculados con la falta de sueño revelan que una persona puede sentir una vulnerabilidad extrema si no ha dormido lo suficiente. Incluso puede alucinar y exhibir otros signos de enfermedad mental. ¿Por qué las personas que tienen problemas para dormir padecen una gran cantidad de dolencias físicas y emocionales, además de sentirse constantemente fatigadas a pesar de haberse acostado en la cama y descansado durante días? No existe una solución química a largo plazo para esta dificultad. De hecho, las píldoras para dormir empeoran el insomnio. No existe un medicamento que pueda proporcionar un sueño normal.

Pero volvamos ahora a nuestra pregunta original: "¿Por qué es necesario dormir?". Según *El Zóhar*, el sueño beneficia y mejora enormemente el bienestar físico y mental del individuo, y de ese modo ayuda a lograr el objetivo esencial de la Kabbalah que consiste en alcanzar la dicha y la plenitud.

El Zóhar nos dice que cuando dormimos

> ... el alma se eleva y vuelve a su fuente, mientras que el cuerpo está inmóvil como una piedra, volviendo de este modo a su propio origen. Mientras permanece en ese estado, el cuerpo es acosado por las influencias del lado oscuro, lo cual hace que las manos permanezcan impuras hasta que sean lavadas en la mañana. El alma es absorbida dentro del todo unificado del Creador. Luego, el alma emerge nuevamente, es decir, nace otra vez, tan nueva y fresca como en su nacimiento anterior. Este es el significado secreto de las palabras: "Son nuevos cada mañana, grande es tu amabilidad".

El alma, dice *El Zóhar*, necesita de una "pausa refrescante". Después de una batalla diaria con el cuerpo, su adversario y opositor, el alma requiere de una infusión de energía para continuar su lucha con la conciencia del cuerpo hasta el final de la vida. La conciencia del alma es la del Deseo de Recibir para Compartir. Por el contrario, la conciencia del cuerpo busca la indulgencia del Deseo de Recibir Sólo para Sí Mismo. La batalla continúa y ambos lados deben pagar un alto precio. El alma se ve a sí misma como enemiga del cuerpo, y sin duda ésta no es una definición imprecisa. Después de todo, el objetivo de la conciencia del cuerpo es evitar que el alma logre el *Tikún* o la corrección. Sin embargo, el cuerpo le proporciona al alma la oportunidad de completar su *Tikún*. Sin conciencia corporal, la idea del libre albedrío no sería una realidad.

El sueño, entonces, es una función necesaria del alma y representa una necesidad imperiosa. Al caer en un estado natural en el que se suspende la actividad consciente, el alma tiene la oportunidad de recargarse. La conciencia del cuerpo es como un parásito que consume toda la energía que puede de su enemigo, el alma. Tal como expresa maravillosamente *El Zóhar*, el único alivio que recibe el alma es el de "ser absorbida en la unidad que todo lo abarca de la Luz".

SUEÑO E INMUNIDAD

El cuerpo físico y la conciencia del cuerpo son dos conceptos diferentes. Este último no requiere de descanso o sueño. La prueba de esto es que nuestro organismo está en actividad las 24 horas del día. El corazón trabaja todo el día, y que el cielo nos ayude si eso no ocurriera. El cerebro está igual de activo durante el sueño que mientras estamos despiertos, y consume el 20% del oxígeno que nuestra respiración obtiene. En cambio, la conciencia del cuerpo se comporta de forma completamente diferente. El Deseo de Recibir Sólo para Sí Mismo "está quieto como una piedra" cuando uno duerme. Este estado es necesario para permitir que el alma se revitalice.

En esencia, el fenómeno del sueño se centra en la capacidad de apagar, durante un tiempo, la energía inteligente interna de la conciencia del cuerpo. El organismo humano considerado como un todo, fue creado con poderes curativos internos. El sistema inmunológico humano posee un impresionante arsenal con el cual se protege de las enfermedades. Siempre que el sistema esté lo suficientemente sano y fuerte, nuestros anticuerpos naturales rechazan a cualquier invasor. Sin embargo, uno de los grandes problemas de la medicina moderna radica en el hecho de que las drogas y otras terapias actúan como sustitutos de los poderes curativos naturales del cuerpo. Los antibióticos pueden matar bacterias útiles y beneficiosas, del mismo modo que destruyen a las que causan enfermedades. En resumen, la medicina moderna ha interpuesto su propio sistema de defensa, ignorando los poderes curativos inherentes al cuerpo humano. Incluso el mejor profesional médico, el más dedicado de todos, no puede pensar o actuar con la misma sofisticación y sensibilidad que nuestro propio sistema inmunológico natural. Cuando, por motivos terapéuticos, necesitamos de una sustancia química en particular, nuestro sistema curativo interno nos da lo que precisamos en el lugar justo y en el momento adecuado.

CONCIENCIA ROBÓTICA, CONCIENCIA DEL ALMA

El famoso poema del escritor del siglo XIX John Keats, que habla de escuchar a un ruiseñor, finaliza con un una pregunta sobre la ambigüedad de la conciencia. ¿Estaba Keats realmente oyendo la canción del pájaro, o soñaba que la escuchaba? ¿Cómo podemos saber la diferencia? La verdad es que la mayoría estamos profundamente dormidos incluso cuando creemos estar completamente despiertos, porque no somos conscientes de la fuente de inteligencia infinita que está latente dentro de nosotros. Las enseñanzas de la Kabbalah nos pueden brindar un vínculo directo hacia el poder oculto de nuestra computadora mental del subconsciente. No necesitamos adquirir este poder; ya lo tenemos. En las profundidades de nuestra alma tenemos grandes cantidades de todo aquello que necesitamos para nuestro bienestar físico, emocional y espiritual. En la sabiduría de la mente subconsciente podemos encontrar las soluciones a todos nuestros problemas. Una vez que hayamos logrado acceder a este campo, nuestro estado consciente ya no se verá interferido por la conciencia del cuerpo, con su influencia fragmentada y distorsionada.

Para eliminar la confusión y las limitaciones de una vez por todas, debemos eliminar la causa, es decir, el contenido de nuestra mente consciente. En otras palabras, la forma en la que pensamos es la forma en la que actuamos. El pastor debe guiar al rebaño, y no al revés. La mente consciente debe estar sujeta a la autoridad de la conciencia subconsciente del alma. Cuando la mente consciente está dominada por la preocupación y la ansiedad, las emociones negativas resultantes deben ser revertidas. Los efectos de esta reversión serán verdaderamente revolucionarios, ya que la conciencia del alma no conoce el caos, el desorden, la desdicha y los demás efectos negativos vinculados a éstos. En realidad, la conciencia del alma es el canal y la expresión de la Luz que todo lo abarca. La conciencia del alma es la semilla y la base de nuestro ser, y como tal es infinitamente más poderosa que la conciencia del cuerpo, la cual, en comparación, no es más que una presencia e influencia superficial en nuestras vidas.

Sin embargo, en la actualidad puede parecer que la conciencia del cuerpo tiene el control total. Si observamos el comportamiento destructivo (y autodestructivo) de la humanidad, la conciencia del cuerpo parece disfrutar de una conquista, indiscutida y sin oposición, de todos y cada uno de los aspectos de la existencia humana. Contrariamente a esto, las enseñanzas kabbalísticas apoyan fuertemente el esfuerzo por poner fin a las matanzas humanas y al sufrimiento. ¿Cómo se expresa este apoyo? Conectándonos con la Luz maravillosa y omnipotente que rige todas las cosas, incluida la conciencia del cuerpo mismo.

Cuando miramos a nuestro alrededor, con seguridad percibimos que la gran mayoría de las personas vive en un mundo de conciencia robótica que parece estar más allá del control de cada individuo o incluso de la raza humana en su conjunto. ¡No es sorprendente que la miseria económica y las enfermedades degenerativas sean las maldiciones persistentes de nuestra civilización! Mientras que nuestra conciencia corporal representa una conexión con la limitación y la fragmentación, la conciencia subconsciente del alma es una extensión de la Luz infinita. Dado que la conciencia del alma nos habla en forma de intuiciones, de ideas creativas y de la necesidad de compartirlas, no es sorprendente que los escritores, músicos y otros artistas estén en sintonía con los poderes mentales de su subconsciente, que son la verdadera fuente de la inspiración artística. Mark Twain, por ejemplo, remarcó en muchas ocasiones que en realidad él no trabajó nunca, ni un solo día de su vida. Todos sus escritos, su ingenio y su humor fueron el resultado del aprovechamiento de la inagotable reserva de su mente subconsciente. Estoy seguro de que todo gran artista podría entender exactamente lo que Twain quiso decir y coincidiría con él.

EL CONOCIMIENTO DE LA LUZ

La esencia espiritual del alfabeto hebreo, el Álef-Bet, emana de los más altos mundos de energía inteligente. El Álef-Bet está penetrado por la Luz del Creador y sellado con la Impresión de Su Firma, que es la Verdad.

¿Quién está cerca de la Luz del Creador? Ésta es la pregunta que se plantea en *El Zóhar* respecto a estas palabras de las escrituras: "Cercano está el Señor a todos los que lo invocan, a los que lo invocan (para conectarse con Él) de Verdad".

Luego *El Zóhar* se pregunta: "¿Hay alguien que le invocaría falsamente?".Y continúa: "Dice el Rav Aba, 'Sí. El que invoca y no sabe a Quién está invocando'".

Esto nos lleva a preguntarnos: "¿Por qué el conocimiento de la Luz es esencial para la conexión?". *El Zóhar* enfatiza la consecuencia negativa de no saber, que es la retirada de la Luz de nuestro ser y de nuestra conciencia. Cuando intentamos hablar acerca de la conexión con algún tipo de fuente de poder metafísica, en primer lugar debe existir una comprensión básica de la fuente y del receptor. El entendimiento de la metafísica básica es una parte integral de la comunicación, sin la cual, la verdadera conexión nunca se puede materializar.

En el libro del Génesis está escrito: "Y Adán conoció a Eva, su esposa; y ella concibió y dio a luz a Caín". Según *El Zóhar*, el uso de la palabra "conoció" hace referencia al acto sexual. Pero esta palabra plantea muchas preguntas.

¿Por qué se emplea el uso de la palabra "conoció", que normalmente denota un proceso intelectual, para describir el acto físico de la unión sexual? ¿Cuál es el verdadero significado de este mensaje codificado? ¿Por qué se utilizó esta palabra, cuando otros vocablos en hebreo hubieran explicado el pasaje de forma más explícita?

Tal como explica *El Zóhar*, en este profundo versículo descubrimos una "verdadera conexión" con fuerzas metafísicas que depende del conocimiento derivado del establecimiento de los canales apropiados. El conocimiento es una parte integral de este sistema de comunicación porque sin él, cualquier sistema resulta ineficaz. Por lo tanto, cuando Adán "conoció" a Eva, estableció un método de comunicación clara a través del cual la energía metafísica podía fluir sin impedimentos. *El Zóhar* deja esto muy claro cuando afirma que la "verdadera conexión" con la Luz es esencial para la realización de cualquier objetivo. El conocimiento, entonces, es un medio fundamental para conectar con la Luz.

Pero hay otra faceta, dice *El Zóhar*, que está incluida en el concepto básico de la verdad. A lo largo de la historia, el deseo de actuar "en el nombre del Señor" ha traído siglos de muerte y sufrimiento. Todas las religiones se describen a sí mismas como defensoras de la Luz. Entonces *El Zóhar* se pregunta: ¿cómo podemos determinar si nuestra perspectiva está conectada con la verdad o no? ¿Cómo podemos saber si estamos "haciendo una llamada con el sello del Rey?". El sello, con la Impresión de Su Firma, es un código para la Columna Central, que lo equilibra todo. Así se dice en las Escrituras: "Porque Él le da el poder de la verdad a Jacobo (representa la Columna Central, que es el equilibrio) y el poder de la piedad (representa la Columna Derecha, que es la energía positiva) a Avraham".

Por lo tanto, está escrito:

Cercano está el Señor a todos los que lo invocan, a los que lo invocan de verdad. Y se aleja el Señor de aquellos que no lo invocan.

CAPÍTULO CINCO: SALUD Y CURACIÓN

¿QUÉ SIGNIFICA LA CURACIÓN?

Hoy más que nunca, nuestra sociedad ha comenzado a preocuparse por abordar los asuntos fundamentales de la enfermedad y el bienestar. El costo del cuidado de la salud ha aumentado hasta tal punto, que cada vez menos gente puede darse el lujo de contemplar la posibilidad de enfermarse. Tanto el miedo a la enfermedad, como la preocupación por curarla, están en la mente de todo el mundo. Sin embargo, rara vez nos preguntamos: "¿Qué significa la enfermedad? ¿De dónde proviene el poder de la curación?".

Nos tranquilizaría pensar que este poder reside en nuestros médicos y cirujanos. Pero la verdad es que ningún médico ha "curado" nunca, ni siquiera a un solo paciente. Lo que ocurre en realidad en el terreno de la medicina es muy diferente. La verdadera misión y pericia de los doctores radica en la creación de un entorno en el que pueda desarrollarse el proceso de curación natural. La medicina suprime bloqueos o barreras en los pacientes. El cirujano que elimina un impedimento físico, se limita sólo a hacer eso, al igual que un médico que reduce un síntoma de debilitamiento como la fiebre, la inflamación o la hinchazón.

La interacción entre el cuerpo físico y nuestros dos estados de conciencia —la conciencia del alma y la del cuerpo— determina el estado de nuestra salud física. Cuando la conciencia del alma prevalece sobre la conciencia del cuerpo y la domina, estamos en sintonía con el principio intrínseco de la armonía y la continuidad. Afortunadamente, la mayoría de los niños que nacen en este mundo son absolutamente sanos, con todos sus órganos funcionando a la perfección. Deberíamos ser capaces de mantener este estado normal y continuar estando sanos y fuertes a lo largo de toda nuestra vida.

En este sentido, la enfermedad se debería entender como radicalmente opuesta al proceso natural. Con esto quiero decir que la enfermedad nada contra la corriente de la conciencia del alma, que es el aspecto más auténtico de nosotros mismos. Cuando actuamos y pensamos en forma negativa, surgen las enfermedades porque somos atraídos al abismo de nuestra conciencia corporal. Existe una ley de la vida muy básica: si albergamos pensamientos y realizamos actividades que no están en concordancia con el principio de la conciencia del alma "ama a tu prójimo", estos pensamientos y actividades terminarán trayendo enfermedades al cuerpo, y desdicha a otras áreas de nuestras vidas.

Por el contrario, si estamos en armonía con nuestra conciencia del alma, aumentamos el ingreso y la distribución de las fuerzas vitales de ésta por todo nuestro ser. El estudio de la Kabbalah nos brinda esta conexión vital. Nos ayuda a eliminar nuestros pensamientos conectados con el miedo, los celos, el odio y la ansiedad, así como aquellas actividades negativas que lesionan y destruyen el sistema inmunológico, perjudican los nervios y las glándulas, y dan como resultado la degeneración general de nuestros órganos vitales.

Somos los capitanes de nuestra conciencia del alma y los amos de nuestro propio destino. El libre albedrío es nuestro. Pero en cualquier momento, nuestro proceso de *Tikún* puede colocarnos en un escenario en el que nuestro libre albedrío se encuentra con nuestro destino. En un momento dado, podemos ser llamados a decidir si vamos a ejercer la Restricción, o si vamos a responder con una acción negativa.

Si elegimos actuar con Restricción, nos habremos alejado de la vulnerabilidad en lo que respecta a ese proceso de *Tikún* en particular, y estaremos libres de la influencia de nuestra conciencia del cuerpo. Habremos cerrado la puerta a la dominación de la conciencia del cuerpo, y habremos eliminado sus consecuencias.

En efecto, en ese punto habremos producido una nueva película, en la cual permitimos a la conciencia del alma restituir las funciones normales del cuerpo, y traer dicha y plenitud a nuestras vidas.

En realidad, el proceso de curación es la fuerza de vida dentro de nuestra conciencia del alma. Cuando se eliminan las barreras que impiden y obstruyen el flujo de la energía de la fuerza de vida, la curación ocurre como un proceso natural. El potencial de estos obstáculos internos nace en el origen de la conciencia del cuerpo; el momento oportuno para que se activen sucede cuando se produce un fallo en el proceso de *Tikún*. La influencia de la conciencia del cuerpo invade nuestro ser a través de la grieta que nosotros mismos creamos, con nuestros pensamientos y acciones negativas.

La Kabbalah siempre nos apoyará en la restitución de los poderes de nuestra conciencia del alma. Con el estudio de la Kabbalah, realmente podemos curarnos a nosotros mismos.

Sin embargo, el grado de curación depende de nuestra capacidad para restituir nuestra Luz interior individual al máximo de su poder y revelación.

Cada pisada que damos en el viaje de la vida representa un paso hacia adelante o hacia atrás en el proceso de *Tikún*. Como hemos dicho (independientemente de lo que nos puedan explicar los investigadores académicos), las oportunidades que tenemos de aumentar nuestra inteligencia son abundantes, siempre que situemos ese incremento dentro del marco de nuestra corrección espiritual. De manera similar, la curación es posible una vez que avanzamos en la tarea esencial de nuestra vida, que es nuestro *Tikún*.

A lo largo de los siglos, personas de todas las naciones y culturas, han albergado la creencia de que existe un poder capaz de restituir la salud dentro de algunos individuos. Se decía que el Sumo Sacerdote y otros hombres sagrados eran quienes tenían esta capacidad de curar al enfermo. De hecho, la "imposición de manos" ha sido reconocida desde hace mucho tiempo por los kabbalistas como un canal para la transferencia de energía. Pero al mismo tiempo, la Kabbalah nos enseña que no necesitamos a nadie más que a nosotros mismos para que se produzca la restitución de la salud. Podemos ser nuestros propios sanadores. La Fuerza de la Luz puede fluir instantáneamente en nosotros, si tan sólo le permitimos que lo haga. Por supuesto, podemos tomar la decisión autodestructiva de interferir con el ritmo normal y saludable de las funciones corporales, como las del corazón, los pulmones, el hígado y otros órganos vitales. Esto puede acontecer no sólo al ingerir un alimento que no es sano, al tomar drogas o fumar cigarrillos, sino también cada vez que permitimos que el Deseo de Recibir Sólo para Sí Mismo domine nuestras vidas. Por eso debemos tener cuidado con nuestros pensamientos y acciones, especialmente en nuestro trato con otras personas. "No hagas a otro lo que no te gustaría que te hicieran a ti" es más que un proverbio. Es la clave para la salud y la curación en el nivel más básico de nuestras vidas.

MEDICINA "PRIMITIVA"

El interés por lograr un mayor control individual sobre nuestras vidas y destinos se ha acentuado más entre algunos profesionales de la salud. Dentro de la comunidad médica, algunos incluso han comenzado a reconocer que la llamada medicina primitiva a veces logra curaciones notables con tan sólo algunas hierbas administradas de manera ritual. ¿Cómo es posible esto? Porque los rituales en los que se usan estas hierbas fueron concebidos para despertar la conciencia individual y fortalecer la creencia de las personas tanto en sí mismas, como en su conexión con un poder superior. Todo esto está basado en el conocimiento de que, en conclusión, es el mismo paciente quien provoca la cura.

En la edición de marzo de 1989 de la prestigiosa publicación médica británica "The Lancet", se presentó un estudio detallado sobre la supervivencia del cáncer de mama en pacientes. La experiencia demostró que el 80 por ciento de los afectados que tenía un "espíritu luchador" llegaba a una tasa de supervivencia de diez años, mientras que sólo el 20 por ciento de aquellos que se sentían "sin fuerzas", sobrevivían durante igual período. Este informe pone de relieve un dilema que persiste actualmente en la medicina moderna, y es que no fomentamos los poderes naturales de curación de los pacientes. Por desgracia, no hay una asignatura obligatoria en la facultad de medicina que enseñe cómo potenciar la habilidad que el paciente posee para curarse a sí mismo. Por el contrario, se espera que los enfermos se sometan pasivamente a las directivas del establecimiento médico. Sin embargo, en el Hospital Johns Hopkins de Baltimore, en Maryland, se descubrió que aquellos pacientes que padecían cáncer de mama y eran considerados "inconformistas", o respecto de los cuales se decía que tenían una "mala relación" con sus médicos, tenían tasas de supervivencia más altas. En resumen, las personas que se sentían más seguras y compartían la responsabilidad de su recuperación, aunque eran considerados "malos" pacientes, lograban mejores resultados. Para dichos pacientes, cuando un médico aseguraba ser el capitán de la nave ellos replicaban: "¡No estoy seguro de querer abordar!".

Definitivamente, se está acercando un cambio en este ámbito. Los cirujanos dejarán de agredir e invadir nuestros cuerpos libremente cuando les plazca. Los oncólogos no envenenarán a la gente para matar enfermedades, sino que tomarán en cuenta las capacidades de los pacientes para curarse a sí mismos. Y la transición está llegando con más rapidez de la que los científicos se imaginan.

ZONAS CÓSMICAS

Una de las causas principales de que se produzca un fallo en el sistema inmunológico proviene de la exposición a diversas zonas negativas de peligro cósmico. Todos nosotros tenemos la responsabilidad de evitar estas zonas, y la ignorancia de estos devastadores acontecimientos cósmicos no evitará que éstos invadan a un cuerpo sano. Las enseñanzas Zoháricas revelan que la predisposición cósmica puede influir en una larga lista de enfermedades. Los kabbalistas pueden concentrarse en estos marcadores cósmicos para localizar sus ubicaciones y marcos temporales.

El uso de esos marcadores para predecir la enfermedad se ve mejorado por los datos extraídos de la colección de conocimiento metafísico más grande y más exhaustiva del mundo, que incluye el *Libro de la Formación, El Zóhar*, y los escritos del Rav Isaac Luria. No me cabe ninguna duda de que estas herramientas kabbalísticas algún día serán utilizadas para predecir la vulnerabilidad de las personas ante las enfermedades desde el momento de su concepción, y que con el tiempo, la ciencia podrá validar esos descubrimientos.

La idea de que nuestros cuerpos y órganos vitales están ligados y conectados a zonas cósmicas está claramente expresada en *El Zóhar*; y el conocimiento de esta conexión representa un gran paso hacia adelante en el control de nuestros cuerpos, especialmente en lo relativo a las enfermedades que nos afectan. Por lo tanto, es muy conveniente para nosotros entender este aspecto de las enseñanzas de *El Zóhar*. Al mismo tiempo, debemos ser conscientes de quiénes son las personas que nos siguen llevando por el mal camino al rechazar las enseñanzas de *El Zóhar* o al afirmar que deben estar disponibles sólo para una minoría selecta. Así está escrito:

> Y a Lilit se le llama bazo, y ella va y juega con los niños luego los mata y hace de ellos cólera y lágrimas, para llorarlos. El bazo va al lado derecho del hígado, que es el Ángel de la Muerte. Éste fue creado en el segundo día de la Obra de la Creación mientras que el otro, es decir el bazo, fue creado en el cuarto día de la Obra de la Creación. Y por esta razón no es un buen augurio comenzar algo un Lunes (el segundo día de la semana o un Miércoles, el cuarto día de la semana). El hígado es la muerte para los adultos; ¡el bazo es la muerte para los niños!

En este pasaje de *El Zóhar*, damos una mirada a la íntima relación que existe entre las zonas de tiempo cósmico y nuestros cuerpos. Pero poco saben de estas zonas los científicos o el público en general, específicamente en relación con la amenaza que representan para nuestro bienestar mental y físico. Por otro lado, en el *Libro de la Formación*, cuya autoría se atribuye a Avraham el Patriarca, abundan las referencias a la conexión del cuerpo con el cosmos.

Por supuesto, soy consciente de que algunos pueden considerar que este tema es desafiante o incluso alarmante, ya que sugiere que todo lo relacionado con los procedimientos médicos actuales debe ser cuidadosamente examinado y, posiblemente, modificado. Sin embargo, no podemos ignorar que lo que sucede en el momento del nacimiento puede allanar el camino hacia la vulnerabilidad más tarde en la vida. Tampoco podemos perder de vista el hecho de que la película que se filmó en una vida anterior, ahora se está proyectando en la pantalla de nuestra existencia actual.

EL PROBLEMA DE LA CONEXIÓN MENTE-CUERPO

Debido a la dificultad que tiene para reconocer los aspectos inmateriales de la salud y la enfermedad, la profesión médica no puede enfrentarse a los efectos reales de su propia influencia. La imposibilidad de reconocer la conexión mente-cuerpo en una enfermedad crónica y degenerativa como el cáncer lleva a los especialistas a aceptar estas aflicciones como consecuencias de un deterioro inevitable a lo largo del tiempo. Este es un punto de vista esencialmente cartesiano, derivado de la obra de René Descartes, el matemático y filósofo francés del siglo XVII.

Descartes introdujo el concepto de una separación absoluta entre la mente y el cuerpo. Desde el punto de vista cartesiano, el cuerpo debía ser entendido completamente en términos de la disposición y la función de las distintas partes, como si no hubiese ninguna diferencia con una compleja máquina de deslumbrante ingeniería. Desde esta perspectiva, se considera que la persona sana es la que tiene todas sus "piezas" activas, mientras que en el enfermo, el problema es que una o más partes funcionan incorrectamente. Desde los tiempos de Descartes, la medicina ha limitado su comprensión de la enfermedad a los mecanismos físicos que participan en ella. Este enfoque ha ignorado las influencias de la naturaleza metafísica y no corpórea en los procesos biológicos. Y su efecto ha sido el de concederle al médico el poder total para invadir la parte que funciona mal, ya sea quirúrgica o químicamente, a fin de corregir esa disfunción específica.

Tres siglos después de Descartes, la visión del cuerpo como una simple máquina, la concepción de la enfermedad como consecuencia de una avería de esta máquina, y el concepto del médico como un "señor que todo lo arregla", continúa siendo la perspectiva dominante. No es sorprendente que el sistema actual de cuidado médico cree algunos profesionales que realmente se preocupan, y otros a los que les importan muy poco sus pacientes. La proporción de ambos tipos está regida, sencillamente, por la probabilidad estadística. Del mismo modo, algunos hospitales son auténticos lugares para la curación, mientras que otros tratan a sus pacientes de forma degradante e insensible. Todo esto no es nada más que la consecuencia lógica de percibir al cuerpo como una máquina.

El aspecto finito de la humanidad, el uno por ciento de realidad, está sujeto a normas y reglas cartesianas fragmentadas y saturadas de crisis. La Kabbalah nos pone en contacto con el 99 por ciento de realidad que opera más allá de los límites físicos. Sólo la realidad finita está sujeta al dolor y al caos. Sólo la realidad infinita está caracterizada por la certeza, la felicidad y la libertad de todo dolor y sufrimiento.

LA BÚSQUEDA DE LA MENTE
(EN TODOS LOS LUGARES EQUIVOCADOS)

Desde el punto de vista kabbalístico, el cuerpo de ninguna manera es considerado una máquina. La materia física de la estructura de nuestro organismo consiste tan sólo en un uno por ciento del espacio que habitamos; por lo tanto, somos en un 99 por ciento seres metafísicos de pensamiento, sentimiento y conciencia. Al concentrarse en fragmentos cada vez más pequeños de la realidad del uno por ciento, la ciencia —y la medicina en particular— inevitablemente deja de ver al paciente como un ser humano. Si bien todos los investigadores y médicos saben por experiencia que la mente y el corazón son aspectos esenciales de la enfermedad y la curación, esta verdad sigue siendo refutada rotundamente por la comunidad científica y médica en general.

La razón de este rechazo es muy simple, y deriva de la hipótesis cartesiana según la cual lo que no se puede ver, no es real. Como los científicos occidentales no tienen idea de qué es la mente ni dónde se encuentra, no pueden reconocer su realidad. Lo que no pueden introducir en un tubo de ensayo o analizar con un espectrómetro, simplemente, para ellos, no existe.

Este tema me recuerda a una discrepancia entre Albert Einstein y Niels Bohr, uno de los primeros postuladores de la teoría cuántica. Cuando Einstein rechazó algunas de las conclusiones inevitables del trabajo de Bohr, buscó apoyo en la terminología religiosa, tal como prueba su famosa declaración: "No puedo creer que Dios juegue a los dados con el universo". Einstein, quien desde los 12 años había rechazado el concepto de "Dios", se remitió en esa oportunidad a esa idea; pero lo hizo con los ojos cerrados para evitar ver toda la verdad. Einstein recurrió a las ideas religiosas a raíz de la frustración —o incluso de la desesperación— pero no las integró en su pensamiento, del mismo modo que no había podido integrar la relatividad con la teoría cuántica.

Para integrar el poder de la mente en la teoría y la práctica de la medicina, la ciencia deberá transformar por completo su visión estrecha de la salud y la enfermedad. ¿Significa esto que la ciencia deberá aceptar todo aquello que no es realmente "científico"? La respuesta es un rotundo "no". Pero la ciencia sí deberá ampliar su base conceptual e incluir fenómenos que son reales y correctos, a pesar del hecho de que no puedan ser verificados o cuantificados empíricamente.

UNA DISTINCIÓN FALSA

La historia de la ciencia médica moderna ilustra gráficamente las consecuencias de reducir nuestra visión de la vida humana a tubos de ensayos y fenómenos moleculares. Una de estas consecuencias ha sido la división de la profesión médica en dos grupos distintos. Específicamente, los médicos se ocupan del tratamiento del cuerpo material, mientras que los psiquiatras —a pesar de que también son médicos— se ocupan sólo de la mente. A mi modo de ver, esta división ilustra con claridad las dificultades que evitan que los investigadores médicos examinen el papel fundamental del estrés en la enfermedad. El estudio del estrés ha estado siempre restringido a los aspectos psicológicos de la enfermedad, a pesar de la enorme cantidad de pruebas que lo vinculan con una amplia gama de afecciones y trastornos. Tendremos mucho más que decir sobre esto en el siguiente capítulo.

Para oscurecer aún más la relación entre la salud mental y el bienestar físico, ahora los psiquiatras están tratando las enfermedades mentales con recursos físicos. Están intentando comprender las enfermedades mentales en términos de funciones físicas y químicas del cerebro. Sin embargo, la cantidad de pacientes en tratamiento por enfermedades mentales de todo tipo no sólo no ha disminuido, sino que ha aumentado.

El efecto de las influencias cósmicas sobre cada uno de los seres humanos agrava los problemas a los que se enfrenta la profesión médica. Por ahora, los investigadores médicos ni siquiera han insinuado algo sobre este tema. Ciertamente, la verdad sobre la "conexión cósmica" tardará en llegar si las enfermedades mentales se perciben como una disfunción más que debe ser tratada con medios químicos.

Esto me recuerda la historia de un paciente que se encontraba en un estado de fatiga constante y simplemente, "no se sentía bien". Después de muchos exámenes médicos, se le diagnosticó un perfecto estado de salud. Objetivamente, estaba sano; subjetivamente, se sentía muy mal. Pero el error radica en la aceptación de estos estados como categorías separadas. La Kabbalah nos enseña, y siempre lo ha hecho, que el pensamiento controla todos los estados manifiestos de la realidad física. El hecho de que la humanidad no haya sido educada en esta verdad, es un misterio y una tragedia. Sólo imaginemos el estado de Unidad con la Luz que podría existir en el mundo si verdaderamente aceptáramos este conocimiento.

EL PODER DEL DESAPEGO

Si bien el concepto de la mente sobre la materia es abordado sólo de forma superficial en el pensamiento contemporáneo, *El Zóhar* nos remite a un importante texto bíblico concerniente a las influencias astrales. Cuando el primer astrólogo, Avram (que luego se llamó Avraham), miró a las estrellas, predijo que no iba a tener hijos con Sarai (quien luego se llamó Sará). Entonces el Señor le dijo a Avram que no mirara más a las estrellas. Al desapegarse a sí mismo de la energía inteligente de la dimensión material representada aquí por las estrellas, Avraham podría engendrar un hijo. Era sólo una cuestión de conectarse con el mundo superior de la conciencia.

Como ocurre siempre en el texto codificado de la Biblia, el mensaje central de este episodio está oculto tras sus palabras. A veces, esto nos deja con la impresión de que la Biblia es tan sólo una nueva religión para los Israelitas, que contiene un conjunto de normas para la conducta diaria y rituales para los días sagrados. Sin embargo, la Kabbalah nos enseña que siempre debemos ser cautelosos con las apariencias. Las cosas en el mundo físico nunca son lo que parecen, y esto incluye el significado del texto bíblico. El universo físico puede darnos la sensación de estar en un estado de oscuridad y caos perpetuo. Sin embargo, la Luz del Creador siempre está presente, si bien se ve tan oscurecida por las características negativas y materiales de la existencia finita, que se necesita un ojo sensible y un alma compasiva para percibirla. ¿No resulta acaso irónico que los avances tecnológicos sean los que finalmente nos proporcionen los medios con los que la totalidad de la humanidad reconocerá esta verdad? Mientras que un filamento de fibra óptica antes transportaba 400 conversaciones, actualmente un filamento del tamaño de un cabello humano transporta cientos de miles. Desde una perspectiva kabbalística, la importancia de estos nuevos desarrollos tecnológicos radica en el hecho de que pueden brindar un marco conceptual —o un punto de partida inicial— que permitirá que la humanidad le dé menos importancia al mundo material, y se conecte con el mundo del 99 por ciento de la energía inteligente del pensamiento.

METAFÍSICA Y MEMORIA

¿Pero qué podemos decir acerca de la realidad del dolor, el cáncer y otras enfermedades terminales? ¿Acaso no son reales? ¿Cómo debemos aceptar estos conceptos materiales dentro de un marco de ilusión? ¿Cómo hacemos para informarle a un ser querido de que le queda poco tiempo de vida? ¿Cómo podemos minimizar -—o incluso eliminar— el flagelo del dolor y el sufrimiento, que se han convertido en moneda corriente dentro de nuestra experiencia de la realidad? Puedo asegurar que este libro no ignorará estas difíciles preguntas ni su importancia. Como punto de partida en esta exploración, recordemos el viejo dicho: "Todo está en la mente". Después de todo, las conexiones metafísicas son invisibles por su propia naturaleza.

Por este motivo es que la mayoría de los seres humanos sencillamente las desconoce.

Incluso los breves encuentros con otras dimensiones nos brindan una evidencia tan clara de un mundo que es tan superior a esta fase de la existencia, que resulta prácticamente imposible hacer una comparación. Como no hay palabras suficientes para describir nuestras experiencias metafísicas —ni tampoco ninguna validación de nuestra cultura actual sobre la existencia de los Mundos Superiores— apartamos los recuerdos de nuestros viajes extraterrestres a profundas catacumbas ocultas, muy adentro de nuestras mentes subconscientes.

He dedicado estas páginas a hacer una distinción entre la ilusión material y la realidad metafísica, con objeto de aclarar una verdad básica: en la mayoría de los casos, los científicos y el público general operan de igual forma, por medio de la conciencia robótica. Ambos han elegido ver el universo como una estructura fragmentada. Este enfoque ha hecho que todos nosotros estemos regidos por lo que yo denomino "el quantum de los trastornos sintomáticos". Es decir, nos concentramos en la experiencia superficial y externa de la vida, excluyendo de ese modo a las fuerzas y energías internas y metafísicas.

Afortunadamente, la revolución de la información que llegó con la Era de Acuario está trabajando a favor nuestro. Una creciente proporción de los habitantes del mundo ya no acepta la concepción mecanicista de la vida. Esto es particularmente evidente en el campo médico. Los tratamientos paliativos, que controlan los síntomas de las enfermedades sin curarlos, ya no son suficientes.

Asociar una enfermedad determinada con una parte específica del cuerpo desvía la atención que se le debe dar al paciente como persona íntegra. Del mismo modo, atribuir un problema de la sociedad a una persona o a un grupo específico nos distrae de nuestra responsabilidad compartida. Para ir aún más lejos, siempre debemos mirar más allá de nuestro entorno terrenal, hacia los efectos de la influencia cósmica.

"LA RAÍZ DE TODO MAL"

Nuestra conciencia corporal es un canal para el Deseo de Recibir Sólo para Sí Mismo. Si bien el cuerpo es una entidad física, existe algo que está más allá de la operación mecánica de las células y moléculas y que causa su crecimiento y funcionamiento. Esta energía, el Deseo de Recibir Sólo para Sí Mismo, es la "raíz de todo mal" en el sentido de que es esta fuerza y esta conciencia la que nos impone las limitaciones de tiempo, espacio y movimiento. Al igual que la fuerza de la gravedad, esta energía intenta tragarse todo lo que tiene a su alcance. Las herramientas con las cuales nos podemos volver invulnerables a este ataque son fundamentales para nuestro bienestar físico y mental.

La Kabbalah nos enseña que la vulnerabilidad es la abertura directamente responsable de atraer y manifestar un ataque cósmico negativo. Tomemos el cáncer como ejemplo. Todos producimos células anormales en el cuerpo de vez en cuando. Esto se puede atribuir a factores externos o una distorsión en el sistema celular. Normalmente, el sistema inmunológico del cuerpo se mantiene muy alerta a la formación de células anormales y se encarga de destruirlas. Para que el cáncer se manifieste como enfermedad, el sistema inmunológico debe estar inhibido de algún modo. El punto importante es éste: algo le está sucediendo a una persona que contrae cáncer que le hace vulnerable.

Factores como el estrés, la alimentación y el entorno pueden ser decisivos en la incidencia de esta enfermedad. Pero ninguno de estos elementos explica por qué ciertas personas, en momentos específicos de sus vidas, atraen la producción de células cancerígenas o por qué las defensas de su cuerpo no son capaces de eliminarlas. No existe ninguna duda sobre las vinculaciones entre los factores externos mencionados y el cáncer. Pero no toda persona que sufre de estrés, o que tiene una dieta perjudicial, o que recibe ciertas influencias del entorno, contrae cáncer; de hecho, a la mayoría no le sucede. En nuestro estudio de la Kabbalah debemos reconocer la primacía de otros factores. Debemos responder a las preguntas planteadas por pacientes reales, tales como "¿por qué a mí?" y "¿por qué ahora?" ¿Por qué un paciente muere y otro se recupera? Ciertamente, las preguntas más frecuentes sobre la enfermedad son básicamente las mismas que podríamos plantear respecto a los accidentes aéreos o cualquier otra desgracia aparentemente fortuita.

Cuando la vulnerabilidad se expresa en un ser humano en forma de un espacio interior vacío, eso es exactamente lo que el lado negativo está esperando. Muy a menudo, el ataque resultante se expresa en forma de una enfermedad física y el vacío interior se manifiesta como un fallo en las defensas del cuerpo. La energía negativa desactiva el sistema inmunológico del cuerpo. Este es el factor determinante que establece por qué una persona contrae una enfermedad y otra no.

LOS CINCO SENTIDOS: UNA PERSPECTIVA KABBALÍSTICA

La atmósfera de la tierra está continuamente bombardeada por rayos cósmicos y cascadas de energía provenientes del espacio exterior que destruyen y crean formando una rítmica coreografía de energía. El futuro de la humanidad depende de la forma en la que el cielo nos trata, y de hecho la influencia celestial ya forma parte de nuestra conciencia diaria. Es sabido, por ejemplo, que el sol y la luna ejercen una profunda influencia en nuestras vidas. La luna hace que la marea suba y baje. Las manchas y erupciones solares pueden afectar a los sistemas de comunicación de la tierra. Para el kabbalista, éstas y todas las demás energías inteligentes siempre están interrelacionadas y vinculadas unas con otras. En nuestro mundo aparecen como distintas manifestaciones, pero son partes de un todo unificado. Nuestra tendencia a separar el mundo físico del metafísico es vista por los kabbalistas como una ilusión fundamental.

Desde el punto de vista kabbalístico, nuestros cinco sentidos son intrínsecamente dinámicos por naturaleza. El kabbalista considera que estas funciones actúan fuera de nosotros mismos y que nos brindan la oportunidad de experimentar el mundo que nos rodea. Nuestros cinco sentidos son energías inteligentes que afectan a nuestro entorno y, a cambio, son afectadas por él.

No resulta sorprendente que el Arí, Rav Isaac Luria, construyera un mapa intelectual de la realidad sensorial en el que cuatro de los cinco sentidos más importantes son denominados "básicos". Éstos son: la vista, el oído, el olfato y el habla, y se intensifican con las cuatro energías inteligentes de la Luz. Estas energía inteligentes son conocidas por sus nombres en código: Alma del Alma (la vista), Alma (la audición), Espíritu (el olfato) y Espíritu Crudo (el habla).

Los ojos, dice el Arí, expresan el aspecto más significativo de la Luz y su intensidad. En consecuencia, la energía inteligente generada por el ojo se puede transmitir fácilmente a otra persona u objeto. Por ejemplo, si la energía que se va a transferir es de naturaleza negativa, y el individuo que recibe esa transmisión no tiene un escudo protector —o en ese momento hay un fallo en su sistema inmunológico—, éste va a ser más vulnerable a un ataque. En ese preciso instante, cualquier cosa que esté volando por la atmósfera se convierte en una amenaza.

EL PODER DEL OJO: PARA EL BIEN Y PARA EL MAL

El Mal de ojo es muy similar a un misil buscador de calor que se acopla al avión del enemigo y lo destruye. Una vez que la energía negativa mortal se arraiga en una persona, puede causarle enormes daños.

Afortunadamente, el poder del ojo puede ser igual de efectivo como un instrumento de curación. La tecnología láser, que está reemplazando a muchos procedimientos quirúrgicos convencionales, es una expresión de este poder.

El láser puede llegar a los huesos y a los órganos internos sin la necesidad de una incisión. Por supuesto, desde una perspectiva kabbalística, el potencial negativo y positivo de la energía visual no es nada nuevo. La Biblia y *El Zóhar* están repletos de discusiones sobre el extraordinario poder de la observación y el Mal de Ojo.

Pero, ¿cómo y por qué la transmisión de energía a través del Mal de Ojo crea tanta desdicha? ¿Dónde se origina la fuerza de este mal? *El Zóhar* describe al Mal de Ojo como la capacidad que tiene una persona de atacar a otra, al proyectar la energía inteligente negativa. Si alguien entre tus conocidos tiene pensamientos negativos sobre ti, esa canalización a través del ojo puede afectar a tu bienestar físico y mental. La energía inteligente de un ojo negativo se puede extender ampliamente y crear conmoción en forma de "accidentes" u otros eventos.

El Mal de Ojo también puede producirse sin intenciones negativas. Hay personas que quizá no desean tu mal, pero que debido al vacío que hay dentro de ellas, proyectan esa carencia como energía negativa. Por ejemplo, una mujer que no puede tener hijos podría focalizar mentalmente su propio dolor en los hijos de otros. De hecho, los niños son los más vulnerables a la energía inteligente negativa. La Kabbalah nos enseña que la razón de esta vulnerabilidad en los niños está arraigada en la ausencia del Deseo de Compartir, que no se convierte en una parte integral del alma hasta los 13 años en los niños, y a partir de los 12 en las niñas.

Hasta ese momento, el Deseo de Recibir Sólo para Sí Mismo tiene el dominio sobre la conciencia de los niños. Los niños captan todo tipo de energía porque son esencialmente receptores. En la madurez, cuando el Deseo de Recibir para Compartir también se integra como un elemento de la psiquis, la estructura mental de una persona joven se equilibra, hasta que la actividad negativa entra en su personalidad. Sin embargo, esta forma de vulnerabilidad basada en el Deseo de Recibir no está limitada a los niños. Siempre debemos estar alertas a las zonas de peligro, que son causadas por nuestra actividad negativa y nos hacen más vulnerables. También debemos ser particularmente cuidadosos durante los períodos de influencias planetarias intensamente negativas.

MÁS ALLÁ DE LA DIVISIÓN MENTE-CUERPO

Ahora debemos ir más allá de la separación cartesiana entre mente y cuerpo, entre lo que está "adentro" y lo que está "afuera". Sí, el método cartesiano trajo consigo muchos éxitos espectaculares para nuestro bienestar material, pero toda persona que sufre de una enfermedad cardiaca o de cáncer, estaría más que dispuesta a renunciar a los lujos terrenales a cambio de un mejor entendimiento de la salud y la enfermedad. Esta idea está claramente expresada en *El Zóhar*:

> Cuando hay una separación de pensamiento entre el nivel interno (*Zeir Anpín*) de la existencia, y el externo (*Maljut*), reinan en el mundo los problemas y un gran dolor. Cuando no existe ninguna separación, imperan la perfección, la paz y la armonía.

Nuestra experiencia de la vida está más determinada por las influencias ignoradas de nuestra propia mente subconsciente, que por la realidad física. Desde la perspectiva cartesiana tradicional, se da por sentado que este aparato es básicamente el mismo para todos nosotros. Esto fue, y continúa siendo un error básico, ya que existen personas que pueden sentir y distinguir de forma instantánea las vibraciones de un entorno, mientras que otras simplemente no perciben nada. Las vibraciones que algunos de nosotros sentimos intuitivamente son la energía inteligente que subyace en las personas o en los escenarios físicos.

Debemos comprender que existen básicamente dos realidades. La realidad material y externa se presta a una perspectiva reduccionista, es decir, la visión cartesiana de que todo funciona como una máquina formada por piezas separadas. La otra, la realidad interna del 99 por ciento, no fue considerada merecedora de investigación científica. Esta otra realidad, es la que muchos hombres de ciencia consideran muy difícil de aceptar, con la importante excepción de algunos pensadores científicos más avanzados.

Pero ya que el enfoque reduccionista y materialista es inadecuado para la tarea de resolver los problemas más serios a los que se enfrenta la humanidad, ¿cómo se puede cambiar la situación? Trascender la visión limitada de nuestro universo requerirá de una gran revolución cultural. Afortunadamente, esa revolución ya está en marcha en esta Era de Acuario, tal como fue reconocida y anunciada por Rav Shimón bar Yojái, el autor de *El Zóhar*. El paradigma formulado en *El Zóhar* por Rav Shimón tiene el potencial de unir espiritual y materialmente a toda la humanidad. El desarrollo de un enfoque kabbalístico para mejorar nuestro bienestar individual y colectivo, no implica necesariamente ceñirse a descubrimientos totalmente nuevos. Podemos integrar el conocimiento Zohárico con las leyes y principios básicos establecidos dentro de la comunidad científica.

Este nuevo paradigma del pensamiento científico nos llevará a una perspectiva verdaderamente kabbalística de la realidad, en la que el conocimiento de la mente y del cuerpo humano, así como la comprensión de las influencias planetarias invisibles, se convertirán en parte integral de nuestros estilos de vida. Además, debemos tomar conciencia de que la totalidad de nuestro universo se encuentra en un estado natural de equilibrio dinámico. La especie humana es el factor decisivo para mantener este equilibrio. El Poder en ti es lo que realmente crea la película.

La Kabbalah nos enseña que antes de la rueda, existió la idea de la rueda. Los pensamientos y las ideas no sólo nos permiten crear lo físico, sino que esos mismos pensamientos influyen en todo lo que ocurre en el cosmos. Sabemos que la Luna afecta a las mareas. Reconocemos que las supernovas, los agujeros negros y otros fenómenos en el espacio exterior inevitablemente afectan al clima y modifican otras condiciones aquí en la Tierra. Pero, ¿puede la humanidad comprender el principio kabbalístico que indica que el comportamiento de las personas puede invalidar las influencias extraterrestres, e incluso desviar eventos intergalácticos? Por primera vez en muchos siglos, creo que la humanidad sí puede entender esta verdad esencial. La destrucción del Segundo Templo en Jerusalén en el año 70 de la Era Común, por parte de los romanos, fue la causa de la oscuridad intelectual y espiritual. A lo largo de los siglos posteriores, la Luz de la Kabbalah parpadeó, pero nunca pudo ser extinguida. *El Zóhar* nos dice que la Kabbalah tendrá que esperar a la próxima Era de Acuario antes de reaparecer como una herramienta poderosa en manos de la humanidad. Ahora, ese momento ha llegado. Ahora, como está escrito:

> . . . *los ojos de los ciegos serán abiertos,*
> *y los oídos de los sordos oirán.*
> *Entonces, el cojo saltará como un ciervo.*
> *Y la lengua del mudo cantará.*
> —Isaías 35:5-6

"LAS AMARGAS CONDICIONES DE LA CURACIÓN . . ."

No cabe ninguna duda de que la promesa del Libro de Isaías con la cual cerramos el capítulo anterior será cumplida. Así lo aseguró claramente el Arí, en *Puertas del Espíritu Santo*:

> Para eliminar una enfermedad, uno debe asumir las amargas condiciones de la curación, a fin de entender las enseñanzas metafísicas que constituyen las doctrinas secretas del mundo. Ésta es la sabiduría que ha estado oculta desde los días de Rav Shimón bar Yojái hasta ahora [1572] y tal como expresó el Rashbi (Rav Shimón bar Yojái), "No se deberá dar el permiso para su revelación hasta la llegada de la generación final que conducirá a la Era de Acuario [cuyo momento es

ahora] por intermedio del Maestro Rav Isaac Luria y con la asistencia del espíritu profético que se halla dentro de él".

El sistema nervioso humano es una estructura extremadamente compleja. Un número casi infinito de interconexiones e impulsos eléctricos nos permiten pensar, actuar, crear y, lo más importante, entender quiénes somos realmente. Una gran cantidad de investigaciones se han dedicado a entender la conexión que existe entre la actividad mental y nuestro cuerpo físico.

Estas investigaciones indican que la mente participa activamente en la cura de las enfermedades y en el mantenimiento de la salud. Los desequilibrios en la psiquis son considerados como la raíz de la enfermedad. Como consecuencia de ello, el estrés es considerado como la cuestión primaria y fundamental que subyace en el bienestar mental o físico. Sin embargo, ya hemos abordado este fenómeno y hemos concluido que el estrés no es la causa principal de los males que nos aquejan en nuestro entorno actual. Si lo fuera, ¿por qué algunas personas están estresadas y otras no, cuando todas viven en el mismo entorno?

Hoy en día, una pequeña pero fuerte minoría de científicos entiende la enfermedad en términos de una conexión entre la mente y el cuerpo. Pero la Kabbalah siempre lleva esta comprensión un paso más adelante, hacia "el poder de la mente sobre la materia". Los kabbalistas nos dicen que la humanidad puede determinar la naturaleza de la realidad física y de la metafísica. Sin embargo, los vastos recursos de la medicina moderna nos hacen dudar acerca de si podemos generar un impacto significativo en nuestro propio bienestar. Si bien los logros de la ciencia médica moderna no deben ser minimizados de ningún modo, las técnicas holísticas que incluyen la mente, el corazón y el cosmos tendrán, en el futuro, un rol cada vez más importante en el progreso del bienestar humano.

El principio kabbalístico de la mente sobre la materia no es necesariamente congruente con el significado popular de esta frase. La telequinesis, por ejemplo, es una metodología que consiste en operar sobre los objetos físicos exclusivamente a través del poder del pensamiento. Si bien doblar una cuchara es algo ciertamente asequible en el campo de la posibilidad práctica, la Kabbalah sostiene que es una actividad en la que no vale la pena ocuparse. Un uso muchísimo más productivo de la energía del pensamiento es lo que nos permite ser parte de una realidad infinita, pues al hacerlo, podemos tomar el control de nuestro destino y el de todo el cosmos.

Activar el poder de la mente sobre la materia nos exige pasar por una alteración básica de la conciencia. Esto implica una transformación de la mente para pasar del estado racional y lógico —que involucra entre el cinco y el siete por ciento de nuestro potencial— al estado cósmico, que nos permite trascender las limitaciones y las restricciones físicas. La energía del pensamiento puede atravesar enormes distancias; puede afectar a las personas y a los objetos, y es un factor tangible en el mundo que nos circunda. A través de ese mismo poder, también podemos despojarnos de las influencias negativas de las enfermedades degenerativas. Dado que la Kabbalah establece la causa de toda enfermedad en la energía inteligente negativa del cosmos, la tarea del kabbalista consiste en elevarse por encima de estas influencias negativas. Además, el cumplimiento de ese objetivo está a nuestro alcance. Ciertamente las estrellas nos impelen, pero no nos compelen.

LA "CURA" DEL KREBIOZEN

La Kabbalah hace mucho hincapié en el sorprendente poder del pensamiento, hasta tal punto que tanto los objetos como las experiencias están sujetos por igual a la energía inteligente del pensamiento. La mente y el cuerpo, el pensamiento y el entorno, son inseparables. Cuando una persona se enferma, no se debe tratar sólo la enfermedad sino al ser en su totalidad.

Uno de los casos más dramáticos que ilustran el poder de la mente sobre el cuerpo fue reportado hace más de medio siglo por el Dr. Bruno Klopfer, un investigador que estaba probando un medicamento conocido como Krebiozen. En 1950, el Krebiozen fue publicitado a lo grande, a nivel nacional, como la "cura" del cáncer; mientras, estaba siendo estudiada por la Asociación Estadounidense de Medicina y por la Administración de Alimentos y Medicamentos de Estados Unidos. Uno de los pacientes del Dr. Klopfer había desarrollado un cáncer linfático con masas de tumores en todo el cuerpo. Cuando este hombre se enteró de que el Dr. Klopfer estaba investigando el Krebiozen, le rogó que le administrara la droga. Después de una sola dosis, los tumores desaparecieron. Su recuperación fue sorprendente y pudo recobrar las fuerzas suficientes como para reanudar su vida normal.

Sin embargo, cuando los informes que publicaron la AMA y la FDA dijeron que la droga no era efectiva, el paciente empeoró drásticamente. Su cáncer reapareció y nuevamente quedó postrado en la cama. En un intento desesperado por salvarlo, su médico le dijo que los informes eran falsos y que las dosis dobles de Krebiozen producirían mejores resultados. En realidad, las inyecciones contenían agua estéril. Pero nuevamente el paciente se recuperó con rapidez y las masas de tumor desaparecieron. Al poco tiempo volvió a su hobby de volar.

Entonces la FDA anunció sus conclusiones finales, que aparecieron en los medios del siguiente modo: "Las pruebas demuestran de forma concluyente que el Krebiozen no tiene ningún efecto en el tratamiento del cáncer". El hombre murió unos días después.

¿Cómo se puede explicar este "efecto placebo"? Hasta hace poco la ciencia no ha comenzando a localizar las rutas que unen el cerebro con otras partes del cuerpo. Sin embargo, no cabe ninguna duda de que la mente actúa como sanadora al igual que como destructora. Si llevamos esta idea un paso más adelante, la Kabbalah sugiere que la mente puede extender su influencia a todo el cosmos. *El Zóhar* expresa con claridad que las influencias cósmicas que yacen en el corazón de la desdicha y la enfermedad, deberían estar sujetas al control humano. Es posible lograr que estas influencias se comporten de acuerdo con las directivas de la humanidad. Las enseñanzas kabbalísticas demuestran que la gente puede ejercer una importante influencia sobre las condiciones médicas, que en algún momento se creyó que estaban más allá de nuestro control.

INFLUENCIAS INVISIBLES, PELIGROS VERDADEROS

Para entender verdaderamente las enfermedades, debemos tener en cuenta no sólo aquello que las causa, sino también por qué la mayoría de la gente puede, en primer lugar, evitarlas. Todos somos vulnerables a diversos tipos de enfermedades. Sin embargo, esto no significa que nos enfermemos. El sistema de defensa del cuerpo es tan poderoso y efectivo, que la mayoría de las personas, que viven expuestas a todo tipo de agentes infecciosos, logra mantener su buena salud. Éste es el dilema al que se enfrentan las investigaciones médicas: en algunos casos, el cuerpo combate contra las sustancias foráneas y luego las destruye; en otros, con el mismo sistema de autocuración, el mecanismo de defensa del organismo no puede luchar. La explicación que proporciona la Kabbalah es la vulnerabilidad. El cosmos, en algunas ocasiones, ataca y reprime nuestros mecanismos de defensa naturales. El sistema inmunológico del cuerpo, que detecta minuciosamente las células anormales y luego se dispone a eliminarlas, puede ser inhibido por medio de las influencias cósmicas negativas. El punto importante aquí, es que una influencia invisible crea susceptibilidad.

Entonces ¿qué debemos hacer? A lo largo de los siglos, los kabbalistas desarrollaron minuciosas herramientas de diagnóstico para nuestro cuerpo físico, así como el singular arte de la Meditación kabbalística, que permite una conexión de la actividad mental con el cuerpo físico y el universo. Esto es de gran importancia, ya que es extremadamente improbable que los misterios del pensamiento y de la conciencia sean desentrañados algún día por los métodos científicos convencionales. Si bien la ciencia contemporánea ha descartado la dualidad del cuerpo y la mente, las investigaciones sobre el cerebro han intimidado a la mente.

NUEVAMENTE: "COMO ES ARRIBA, ES ABAJO"

Si rastreamos los ciclos de vida terrestres y los identificamos, las curiosas fluctuaciones que surgen nos sugieren un patrón metafísico muy parecido al del ADN en nuestros cuerpos físicos. En otras palabras, los planetas y los signos del zodíaco dejan marcada su huella celestial en la faz de la tierra. La estructura cognoscible y observable de cada planeta es, según *El Zóhar*, un aspecto de la conciencia del cuerpo. Como resultado de esto, las limitaciones de la conciencia corporal de un hombre también se aplican al mundo celestial. La conciencia del cuerpo, ya sea en el mundo humano o en el celestial, provoca la creación de una capa de negatividad sobre otra. Cuanto mayor es El Deseo de Recibir Sólo para Sí Mismo, más ciegos nos volvemos ante la Luz.

La ilusión de oscuridad potenciada por nuestra conciencia corporal es la causa de nuestros problemas y dificultades. Ubicada en una posición o condición de vulnerabilidad, la humanidad se rinde robóticamente ante la conciencia corporal de la influencia celestial. Cuando las influencias negativas de la región celestial reinan en el universo, la humanidad, sin el beneficio de los escudos protectores, se inunda de caos, desorden y desdicha. Incluso la salud física puede correr peligro. Por ejemplo, si el

Deseo de Recibir Sólo para Sí Mismo se apodera de una persona durante la influencia zodiacal de Cáncer, ese individuo se ha conectado con la energía del cáncer. Por lo tanto, desde el punto de vista kabbalístico, la temible enfermedad se ha originado durante el reinado del signo zodiacal de Cáncer.

No es casualidad que Avraham el Patriarca asignara al cuarto signo del zodíaco el nombre de Cáncer. Además, el signo del cangrejo, que se manifiesta durante el mes hebreo de *Tamuz*, tiene un profundo significado. El propósito de la aparición del cangrejo en las constelaciones celestiales es comprender la conciencia corporal de este mes.

Un buen punto de partida para nuestra investigación sobre la conciencia corporal del cangrejo es su modo de locomoción. Al caminar, la mayoría de los miembros del grupo del cangrejo exhiben la característica peculiar de caminar de costado: ¡una forma inusual para desplazarse de un lugar otro! Si observamos esto más de cerca, veremos que existen algunas diferencias marcadas entre avanzar hacia adelante y caminar de costado. La distancia que se alcanza es mucho mayor al marchar hacia adelante. Cuando uno camina de costado, sólo un pie o un lado pueden estar en movimiento al mismo tiempo, y no es posible mantener una actividad continua.

¿Qué implica esta característica distintiva? Caminar hacia los costados evita un movimiento continuo, al revés de lo que ocurre con el movimiento hacia adelante. Antes de que el lado izquierdo comience su actividad, el derecho se debe detener por completo. Intenta caminar hacia el costado yendo para la derecha. Antes de que pongas en movimiento tu pie izquierdo, el derecho deberá quedar al lado del izquierdo y por un momento tu cuerpo debe quedarse totalmente inmóvil. Sin embargo, cuando caminamos hacia adelante se mueven ambos pies. La conciencia del alma existe como un circuito continuo de energía sin interrupciones en su flujo. La conciencia del cuerpo simboliza la ilusión constante de un flujo de energía inteligente interrumpido y fragmentando, que resulta en caos y desorden. La dominación del Deseo de Recibir Sólo para Sí Mismo es la naturaleza del cangrejo. Y la esencia interna de la conciencia corporal del cangrejo se manifiesta físicamente en su forma de moverse.

El problema esencial del cáncer como enfermedad, surge cuando la energía inteligente del Deseo de Recibir Sólo para Sí Mismo invade la unidad un individuo. Las células del cuerpo humano fueron creadas como un todo abarcador unificado de conciencia del alma, y están conectadas con él. A lo largo de la vida, si una persona se vuelve vulnerable al cortocircuito del Deseo de Recibir Sólo para Sí Mismo durante el mes de Cáncer, puede ser víctima de la enfermedad de cáncer. La pérdida de un ser querido u otras desgracias empujan al individuo a un estado de depresión. La falta de plenitud se apodera de la persona. Esta condición crea una afinidad completamente dominada por la conciencia corporal. Cuando uno es totalmente consumido por las cuestiones del cuerpo, la enfermedad tiene permiso para entrar.

Lo que quiero resaltar es que la influencia celestial combina una forma dual de energía inteligente. La conciencia positiva —o del alma— de las entidades celestiales regula y determina los momentos más brillantes y felices de nuestra existencia. Por otro lado, la conciencia del cuerpo representa el lado más oscuro, que invoca y ejerce la influencia del caos, la enfermedad y la desdicha en nuestras vidas. En este punto, el individuo puede buscar un medio ilusorio y temporal para aliviar las presiones que surgen a partir de causas que parecen desconocidas. Por supuesto, la culpa y la causa subyacente se encuentran en realidad dentro de la conciencia corporal de la región celestial, no dentro de plano terrestre.

Si la solución a un problema no incluye una descripción precisa o una comprensión del origen metafísico de ese conflicto, no estamos frente a una solución viable. El razonamiento sintomático, simplemente ignora las causas verdaderas de los evidentes enigmas que confronta la humanidad.

Pero hay un problema aún más grave con el enfoque biomédico. Prácticamente todos los medicamentos disponibles en el mercado incluyen una advertencia sobre sus potenciales efectos secundarios. En realidad, el cuerpo generalmente se resiste a los fármacos. La quimioterapia puede provocar resistencias en las células cancerígenas, y hacer que se vuelvan más malignas. Los antibióticos, con el tiempo, pueden acabar fortaleciendo las bacterias. Si bien no es mi intención expresar que todas las terapias con medicamentos son nocivas, sí señalo lo que enuncia *El Zóhar*: Los orígenes de la degeneración se pueden rastrear hasta la energía inteligente interna de la conciencia del cuerpo, que es el Deseo de Recibir Sólo para Sí Mismo. Las condiciones agudas y traumáticas que suponen una amenaza para nuestra vida, deben ser atribuidas a esta energía inteligente. Y estas condiciones se pueden corregir por medio de la conexión con la energía inteligente positiva de nuestra conciencia del alma, que es el Deseo de Recibir para Compartir.

LAS FASES DE LA INMUNIDAD

Las asombrosas revelaciones de *El Zóhar* nos brindan respuestas a todos los misterios de la Creación, incluida la anatomía del hombre. Con *El Zóhar* como guía, por ejemplo, podemos entender por qué todos nacemos con un sistema inmunológico intacto pero subdesarrollado, que madura poco tiempo después del nacimiento. Después de abandonar el refugio del útero de la madre —donde estaba protegido por el flujo acuoso y alimentado por ella— el niño recién nacido resulta vulnerable al ataque del Yetzer ha Rá, la inteligencia energética negativa. Esta energía inmediatamente se adosa al niño, quien ahora carece de la protección que antes le daba su madre. Una vez entendido esto, comprendemos el rol vital de la glándula del timo: proveer el escudo de protección necesario para resguardar el sistema inmunológico del niño.

Sin embargo, al llegar a la edad de la pubertad, el Yetzer ha Tov, o la energía inteligente positiva, comienza a habitar dentro del niño y le provee el escudo de protección necesario. En consecuencia, ya no se necesita la glándula del timo. Es en este punto donde entra en escena la conciencia del alma del individuo. Ahora la salud dependerá de si la conciencia y las acciones de la persona son de naturaleza positiva o negativa.

Uno de los misterios del sistema inmunológico es un fenómeno peculiar vinculado al rol de la glándula del timo. El timo, que en realidad está compuesto de dos lóbulos de forma oval, aparece durante la temprana infancia detrás del esternón y es responsable del desarrollo del sistema inmunológico. Durante el período de gestación, el sistema inmunológico del feto se complementa con factores que se adquieren de la leche de la madre, cuya energía inteligente interna está dominada por la esencia positiva.

Después del nacimiento, la glándula del timo produce células llamadas linfocitos que reconocen y protegen los propios tejidos del cuerpo y a la vez inician una respuesta inmune a las enfermedades. Es extraño que en la pubertad —o aproximadamente a los 13 años en el caso de los varones y a los 12 en las niñas— la función de producción de estos linfocitos se traslada a los nodos linfáticos, el bazo y la médula espinal. ¿Por qué ocurre esto y por qué a esta edad? Podemos encontrar explicaciones sobre este extraño fenómeno en *El Zóhar*, especialmente a la luz del creciente interés en el sistema inmunológico. Allí aprendemos que en el momento del nacimiento del niño y de su llegada al mundo, el Yetzer ha Rá (la materialización de la energía inteligente negativa) se adosa al niño para quitarle la Luz; como está escrito, "el pecado acecha en la puerta". Aquí "en la puerta" se refiere a la apertura del útero que se produce al nacer el niño. El término "pecado" es un nombre cifrado para la energía inteligente negativa, a la cual también se refirió el Rey David en el versículo "Y mi pecado está siempre delante de mí".

La energía inteligente positiva nos llega por primera vez sólo cuando comenzamos a purificarnos. ¿Cuándo es ese día? Para los niños, cuando cumplen 13 años, y para las niñas a los 12. A partir de ese momento, nos encontramos con dos compañeros: uno a la derecha y otro a la izquierda; uno positivo y otro negativo. Estos dos ángeles son designados para acompañarnos continuamente. Cuando una persona elige hacer el bien, el instigador del mal se reverencia ante ella. La derecha domina a la izquierda, y los dos ángeles unen sus manos para ofrecer protección en todas las formas. Como está escrito, "Pues a sus ángeles mandará cerca de ti, para que te guarden en todos tus caminos".

Las Escrituras dicen: "Mejor es el niño pobre y sabio, que el rey viejo y necio que no admite consejos". El "niño" significa aquí la inteligencia positiva, que se denomina así porque él es un joven al lado de un hombre al cual no se unirá hasta cumplir los 13 años. "Es mejor que un rey viejo y necio" se refiere a la inteligencia maligna, llamada "rey y gobernante de los hijos de los hombres". Cuando las personas nacen y ven la luz del día, el mal se les adosa. Por esta razón, la inteligencia maligna aparece con el término "viejo". Y a las personas se las llama "necias" porque no saben cómo recibir consejos. Como escribió el rey Salomón: "El necio camina en la oscuridad".

LA DIFERENCIA ENTRE LA ENFERMEDAD Y LA SALUD

En los últimos años mucho se ha escrito acerca del sistema inmunológico, así como de las causas que provocan que algunos de nosotros seamos más propensos que otros a su fallo. Una vez más, los resortes de la "mala suerte" continúan siendo un misterio cuando exploramos las razones por las que algunos quedan expuestos a su furia y otros no. Las víctimas de la adicción a las drogas y el alcohol, en general son descritas como personas sin carácter que caen presas de ciertas influencias sobre las que no tienen control. Sin embargo, desde el punto de vista kabbalístico, las personas que sucumben a las drogas realmente están buscando una aventura gratuita en la espiritualidad sin hacer uso de la Restricción. Por lo tanto, como la necesidad de una estimulación cada vez mayor se apodera de ellos, las necesidades reales se satisfacen cada vez menos.

Los médicos y los psicólogos quieren explicar los estados de enfermedad o adicción en la forma en que aparecen, sin explorar por qué algunas personas resultan afectadas y otras no. Es lamentable que estos expertos no examinen el rol de la influencia cósmica y la reencarnación. Si registramos las actividades cotidianas de estos pacientes, junto con las zonas negativas de peligro cósmico, encontraremos algunas diferencias emocionantes en la forma en que los "afortunados" se convierten en inmunes y se mantienen en esa condición mientras que los "desafortunados" se vuelven vulnerables.

Existen tres diferencias especiales que deben ser investigadas: en primer lugar, los meses lunares-solares en los cuales nacen las personas; segundo, si se ha producido, y en tal caso cuándo, el comportamiento y la actividad negativa durante las zonas negativas de peligro cósmico; y el tercer punto, que es el más importante: el escudo de protección contra los ataques de la energía inteligente negativa. Antes de examinar el misterio de estos fenómenos, exploremos el punto de vista kabbalístico respecto a la idea de un escudo de protección metafísico, que al parecer existe sólo en las novelas de ciencia-ficción. Un buen punto de partida para nuestra investigación, como siempre, es *El Zóhar* mismo:

> Cuando Jacobo se separó de Laván, todas las legiones sagradas lo rodearon para que no se quedara solo. El Rav Jizkiyá se preguntó: Si eso ocurrió, ¿por qué Jacobo, como se dice después, fue "dejado solo"? El Rav Yehudá respondió: porque se expuso deliberadamente al peligro y por lo tanto los ángeles guardianes [los escudos de protección] lo abandonaron. Fue por esta razón que (Jacobo) dijo: No merezco toda la misericordia y la verdad que vosotros habéis demostrado a vuestro servidor. Rav Elazar dijo: los sabios han afirmado que esa noche y a esa hora ascendió el poder de Esaú [energía inteligente negativa] y por esa razón, Jacobo fue dejado solo [es decir, ¡vulnerable!].

Supongamos que nos familiarizamos con esos momentos negativos en el tiempo ¿cómo evitamos caer en la trampa que se nos ha tendido? Volvamos al texto Zohárico, el cual puede brindar a toda la humanidad las herramientas necesarias para enfrentar las fuerzas de energía inteligente negativas e invisibles:

> Rav Shimón inició un discurso con el versículo: mejor es el que es menospreciado y tiene servidores, que el que se precia, y carece de pan. Este versículo, afirmó,

habla del Señor Oscuro, el apuntador maligno, que prepara conspiraciones y acusa incesantemente a los hombres. Ensancha el corazón de un hombre, alentándolo a ser arrogante y engreído, a llevar su cabeza erguida, hasta que el lado negativo lo domina. Por ello, es mejor alguien que es "menospreciado" y humilde de corazón y espíritu. El apuntador maligno se doblega ante un hombre como éste, y más lejos está el Señor Oscuro de ser el amo del hombre que el hombre de dominarlo a él. Como está escrito: "Pero tú lo puedes dominar".

"El que es menospreciado" está ejemplificado por Jacobo, quien demostró humildad a Esaú para que éste con el tiempo se convirtiera en su sirviente. Si queremos convertirnos en amos de nuestros destinos, debemos aprender la regla cardinal: ¡Tenemos que hacer un esfuerzo! Nos hemos convertido en una sociedad que quiere obtener el alivio instantáneo, simplemente pagando por él. Este enfoque nos conduce al desastre. No existen atajos ni métodos fáciles para lograr la permanencia de nuestro bienestar. Para evitar el trabajo y las responsabilidades que vienen junto con este dominio, recurrimos a medidas que sólo nos dan un alivio temporáneo.

Todas las técnicas espirituales, incluidas las herramientas de la Kabbalah, funcionan como aplicaciones secundarias para mejorar nuestro bienestar mental y físico. El paso principal e inicial que debemos dar consiste en la decisión de desarrollar una actitud positiva hacia nuestro prójimo y nuestro entorno. Con el cosmos repleto de energía inteligente negativa creada por la actividad negativa del hombre, nos resulta muy difícil resistir y maniobrar en contra de la corriente de energía negativa. Las técnicas de meditación kabbalísticas serán muy importantes para brindar asistencia a fin de superar estos obstáculos. Pero el dominio exige conocimiento y decisión. Para que podamos cambiar la calidad de nuestras vidas, primero debemos cambiar la naturaleza de nuestro comportamiento.

CAPÍTULO SEIS:
ESTRÉS

DOLOR PSÍQUICO

En la actualidad, el dolor psíquico es una de las realidades dominantes de nuestras vidas. Con esto me refiero al sufrimiento, la depresión y el malestar, que por comodidad denominamos estrés. La preponderancia del estrés se evidencia a través del gran interés de la industria de la salud por proveer medicamentos para aliviarlo, y de la industria del entretenimiento por ofrecer distracciones para calmarlo.

Por todas estas acciones y distracciones, nuestro estilo de vida contemporáneo genera condiciones que corroen el cuerpo y el espíritu, a pesar de los grandes logros alcanzados. Las presiones de todo tipo nos afectan, poniendo a prueba los recursos esenciales del organismo y drenando su energía; y esto es sólo a nivel físico. El estrés también acarrea un proceso de deterioro interno que debilita las bases de nuestro ser espiritual y emocional. Los matrimonios comienzan a sufrir, se producen "colapsos nerviosos", se arruinan carreras profesionales. En una búsqueda turbulenta de la estimulación, cada vez más gente cae presa de la ansiedad, las enfermedades mentales o el abuso del alcohol y las drogas.

A pesar de todo el confort material que se ha alcanzado a través de los avances tecnológicos, éstos no nos han permitido lograr la plenitud que deseamos y necesitamos. Esta tensión alojada en millones de personas se traduce en un enorme peso que cae sobre la sociedad en su conjunto. El costo financiero de esta carga ha sido estimado en una altísima suma de 150.000 millones de dólares. El costo humano no se puede calcular.

Sin embargo, la Kabbalah nos enseña que tenemos el poder de transformar las cosas para mejor. Podemos lograrlo, simplemente, si nosotros mismos cambiamos. Esta transformación ocurre en todos los niveles del ser: el físico, el emocional y el espiritual. Trasciende la perspectiva mecanicista de la vida, en la que se trata a la enfermedad y al estrés como un fallo en el sistema mecánico. El cuerpo humano posee una capacidad curativa que le es inherente; la buena salud es su estado natural. Pero éste es un mensaje que la medicina no ha estado dispuesta a escuchar. No se promueve la idea de que nos podemos curar a nosotros mismos. En lugar de eso, somos alentados a depender de un sistema sanitario que ya está sobrecargado, y que ciertamente lo estará aún más. Esto se aplica tanto a la psiquiatría y la psicoterapia, como a la cirugía y todas las otras disciplinas clínicas.

Resulta irónico que —debido a su visión mecanicista y fragmentada de la salud— los médicos mismos son lo que sufren más intensamente que nadie en sus vidas privadas. Desde el principio, su formación y entrenamiento en el campo de la medicina genera un alto grado de estrés, y sin embargo no se les enseña cómo hacerle frente.

La mayoría de los problemas mentales y físicos de nuestra sociedad tienen un componente ligado al estrés. Pero, en el mundo de la psiquiatría y de la medicina, no hay mayor confusión, información errónea y falta de dirección, que la relacionada con las causas del estrés y su tratamiento. Por ejemplo, la alta incidencia de las enfermedades del corazón ilustra los decepcionantes resultados que ha logrado la medicina en el tratamiento de las enfermedades vinculadas con el estrés.

El estrés es responsable del fallo del biorritmo natural del cual depende la salud. Incluso hay investigadores que consideran que todas las enfermedades se originan en problemas relacionados con el estrés. Sin embargo, en la actualidad, los investigadores están perdidos en cuanto a la determinación de sus causas, e incluso a la hora de definir qué es exactamente. Como regla, cuando la gente intenta describir las presiones del estrés, se refiere a alguna situación de la vida que le ha producido mucha tensión. Las dificultades financieras, los problemas familiares, la inseguridad laboral y una gran cantidad de cuestiones pueden provocar estrés. Pero los investigadores han tenido poco o ningún éxito en determinar, concretamente, qué es el estrés.

Las definiciones de los expertos no hacen más que describir nuestra reacción a las situaciones que son responsables de la creación del estrés dentro de nosotros. Intentar definir el estrés es obviamente muy distinto que pretender explicar un fenómeno del mundo material. Cuando hablamos de objetos físicos, podemos dar una descripción de sus propiedades o características específicas. Sin embargo, el estrés está ubicado en la profundidad del terreno de la metafísica. Desde que el físico alemán Werner Heisenberg conmocionó al mundo hace muchos años con el reconocido principio de la incertidumbre, el hecho de que no podamos "saberlo todo", ha engendrado una gran ansiedad para la mayoría de nosotros. Lo que le inquieta a una persona quizás no le preocupe a otra, pero no cabe ninguna duda de que hoy en día todos tenemos algo que nos produce ansiedad. Algunas personas se preocupan cuando cruzan la calle. Otras se niegan a abandonar temporalmente sus casas por temor a lo que pueda suceder afuera. Cada uno de nosotros está preocupado por lo que le deparará el futuro. La incertidumbre se filtra en nuestros pensamientos y sensaciones.

La generalización de la orientación biomédica en los tratamientos convencionales de las enfermedades mentales ha resultado igualmente infructuosa. Los intentos por llegar a un sistema de diagnosis básico para los trastornos mentales han sido en buena medida un desperdicio, ya que los diagnósticos basados en las condiciones físicas han demostrado ser fútiles para la mayoría de trastornos mentales. Las prácticas psiquiátricas estandarizadas interfieren con el proceso de curación al suprimir los síntomas. La verdadera terapia debería consistir en la facilitación del proceso de curación natural del cuerpo, brindando un entorno que ayude al paciente, tanto desde una perspectiva emocional como metafísica. En lugar de suprimir el proceso que contiene los síntomas, se debería permitir que éstos se intensifiquen, para llegar a efectuar una evaluación y un pronóstico adecuados.

La perspectiva cartesiana de los investigadores médicos generalmente les impide observar los aspectos ventajosos y el valor potencial de la enfermedad. Esta visión estrecha no toma en cuenta los sutiles aspectos espirituales y psicológicos de los trastornos mentales, y de ese modo, impide que los investigadores desarrollen métodos para curar realmente a los que sufren de una enfermedad mental.

"CÚRATE, MÉDICO"

Es intrigante, y a la vez irónico, que los médicos mismos sean los que más sufren como resultado de esta visión cartesiana de la salud y la enfermedad. Por lo general, no toman en cuenta las circunstancias estresantes de sus propias vidas. Los profesionales de la salud tienen una alta tasa no sólo de enfermedades físicas, sino también de alcoholismo, suicidio y otras patologías sociales.

El trastorno del estrés en los médicos, y en la sociedad en su conjunto, es el resultado directo de nuestra evasión de la cuestión principal: "¿Qué es el estrés y por qué afecta a unos y no a otros?" La imposibilidad de preguntarse "por qué" en el sentido más profundo, es la causa fundamental de este enorme problema social. Desde el punto de vista kabbalístico, una comprensión del estrés no puede originarse en los mecanismos fisiológicos del cuerpo.

La mayoría de los investigadores clínicos consideran que cuando las personas se estresan, el cuerpo responde con la activación de mecanismos de defensa, tales como un aumento del ritmo cardiaco y de la presión sanguínea, en un esfuerzo por ayudar al organismo a defenderse. Pero si vamos al cine y vemos una película de terror, nuestro corazón empieza a latir más fuerte, nuestra respiración se vuelve irregular y sube la presión sanguínea. ¿Es la película el factor estresante o acaso el estrés consiste en los cambios por los que atraviesa el cuerpo físico? Si bien los profesionales médicos pueden identificar las variaciones químicas que ocurren durante algunas reacciones externas del estrés, no pueden explicar de qué manera éste activa el sistema nervioso. Tampoco pueden explicar por qué nuestros nervios actúan sobre ciertas partes del cuerpo y no en otras. Además, ¿por qué estas películas afectan a algunas personas y a otras no? Los médicos se ocupan del tratamiento del cuerpo. Los psiquiatras y los psicólogos se ocupan de curar la mente. La brecha cartesiana entre ambos impide que entendamos el papel del estrés en el desarrollo de las enfermedades mentales y psíquicas. La conexión entre los estados mentales y el cáncer, por ejemplo, se conoce desde hace siglos. La razón de la falta de comunicación entre los profesionales de la salud física y los psiquiatras, radica básicamente en la falta de confianza que tienen los médicos sobre la atención en el aspecto metafísico o incluso emocional de los pacientes. La verdad es que muchos médicos menosprecian a los psiquiatras y los consideran médicos de segunda línea. La actividad mental se considera como un fenómeno secundario, aunque muchas veces ni siquiera llega a considerarse.

Por lo tanto, no es sorprendente que el factor del estrés en la medicina continúe siendo un fenómeno incomprendido. El estrés, que es básicamente una experiencia metafísica, es ignorado por la ciencia cartesiana de la medicina.

Desde el punto de vista kabbalístico, el llamado estrés psicológico que surge de las relaciones infelices, no es más que el síntoma de un problema más profundo. El estrés que parece originarse en las interacciones personales problemáticas, como los conflictos con un jefe o con una suegra, no provienen universalmente de una fuente aparentemente obvia. Por ejemplo, la relación con una suegra, no necesariamente representa un vínculo que nos provoca estrés. En algunos casos, las personas tienen una relación placentera con la madre de su pareja.

Durante la Era de Acuario, *El Zóhar* nos ofrece muchas más esperanzas que el sector científico, el cual, bajo la influencia de Heisenberg, acepta el azar y la improbabilidad. *El Zóhar* nos brinda una conexión directa con la energía inteligente universal, que es la Luz del Creador. De hecho, lo que nos espera es una sobrecarga de energía inteligente mucho más intensa que cualquier otra cosa que hayamos experimentado en el pasado.

VENENO IRRESISTIBLE

Los problemas de las adicciones y el abuso de sustancias afectan a la totalidad del espectro socioeconómico. Médicos, abogados, atletas, ejecutivos corporativos, estudiantes, amas de casa: nadie parece ser inmune a esta amenaza. Una cantidad sorprendente de gente de todos los ámbitos de la vida es adicta a drogas recetadas, píldoras para adelgazar y medicinas para dormir. Millones fuman marihuana o toman cocaína diariamente. El alcoholismo continúa siendo una plaga internacional. Cientos de miles de personas mueren todos los años en Estados Unidos por enfermedades relacionadas con la adicción al tabaco. Sin embargo, nadie tiene en cuenta —ni mucho menos, aborda— la verdadera causa de esta epidemia de adicciones.

Claramente, el estrés es un factor clave que influye en la formación de comportamientos adictivos. Pero en un entorno determinado ¿por qué encontramos algunas personas que están "estresadas" y otras no? ¿Debemos encontrar una explicación para esto en el cliché de que una persona es "afortunada" en su estructura genética, y otra no lo es? Obviamente, este razonamiento determinista no deja mucho espacio para el libre albedrío.

Es importante destacar que las culturas indígenas siempre han desarrollado métodos de trascendencia —canciones, danzas y otros rituales— para reducir el estrés social. Estas culturas han sido capaces de crear escudos protectores para protegerse del estrés. Pero en nuestra propia cultura, lo que alguna vez fue una rica estructura social y espiritual, ha sido corroída por conceptos materiales vacíos y falsas promesas tecnológicas, que finalmente serán erradicadas por el gran mito llamado "progreso". En la actualidad, lo que alguna vez fue nuestra íntima relación con la naturaleza ha sido reemplazada por una cornucopia de las llamadas drogas recreativas y por distracciones electrónicas.

Los kabbalistas saben desde hace tiempo que nuestros pensamientos le dan forma a lo que percibimos como realidad, del mismo modo que la realidad da forma a nuestros pensamientos. Somos más que meros observadores de la realidad y somos mucho más que meros espectadores de nuestra concepción de aquello que es real. De acuerdo con la sabiduría kabbalística, nuestras observaciones y acciones no sólo determinan la realidad terrenal que elegimos crear, sino que también moldean la forma en que elegimos interactuar con esa realidad. Somos nosotros los que producimos y dirigimos nuestra propia película, la misma película en la que nosotros mismos somos los protagonistas.

CREANDO LA VASIJA

Al leer o "escanear" *El Zóhar* podemos re-crearnos como una Vasija, que es plenamente capaz de recibir este increíble poder sin agotarse en el proceso. Pero la pregunta que ahora podría estar dando vueltas en tu cabeza es: "¿cómo puedo usar *El Zóhar*? Ni siquiera puedo leer las letras hebreas. ¡No tengo la menor idea de lo que significan las palabras!"

En realidad, abordar estas inquietudes es sencillo. Ves al supermercado y observa el escáner que está en la caja. Tal como te explicará el cajero, este aparato transmite la información que detecta en el código de barras del producto y la envía a la computadora, la cual transfiere el precio de compra a la caja registradora; todo esto, casi a la velocidad de la luz. Ésta es precisamente la relación que existe entre lo que vemos cuando escaneamos *El Zóhar* y lo que reciben las "computadoras" de nuestra mente. Al escanear *El Zóhar*, inmediatamente fijamos la información en nuestro *software* mental. Es más, ahora poseemos el programa a través del cual podemos conectarnos con una realidad en la que las restricciones de tiempo, espacio y entropía, son eliminadas de una vez y para siempre, y donde el caos y la incertidumbre no existen.

El kabbalista ve la lucha de la ciencia por lograr una "teoría del todo" como el reflejo del esfuerzo del hombre por quitarse el ropaje de la oscuridad y adentrarse nuevamente en la Luz. La ciencia, desde una perspectiva kabbalística, expresa una tendencia humana innata a desprenderse de las sofocantes vestiduras de lo físico y abrazar el Infinito. Nuestra atracción hacia la Luz nunca cesa. Siempre nos está llevando hacia la culminación del proceso cósmico, el *Tikún* final. En esta Era de Acuario, la energía de la Luz se intensifica con el paso de cada día. Y cuanto mayor es la revelación de la Luz, más fuerte es la presión para que la revelemos.

El aumento de la presión señala el comienzo del final de un largo y arduo proceso de ajuste y rectificación espiritual, y para muchos, el amanecer de una Nueva Era. Por lo tanto, la causa fundamental del estrés es la presencia de una gran oportunidad para lograr la plenitud. En esta Era de Acuario, la Luz ya no restringe su Deseo de Compartir, ni tampoco tiene en cuenta los límites actuales de nuestra capacidad de recibir plenitud. La Luz ahora dirige hacia nosotros todo su potencial para alcanzar la plenitud. Ésta es una oportunidad sin igual, pero también existe la posibilidad de que aquellos que no están preparados sufran un agotamiento grave.

Por lo tanto, *El Zóhar*, declara las circunstancias paradójicas que rodean a la humanidad en la Era de Acuario: "Aflicción y bendición para los que estarán presentes en esa era". *El Zóhar* explica que será un tiempo de bendición para aquellas personas que hayan tomado el control del Deseo de Recibir Sólo para Sí Mismos.

El estrés es una manifestación de la Luz luchando para cumplir los deseos más básicos de la humanidad. Por lo tanto, la única manera de terminar con el estrés de una vez y para siempre es cumplir esos deseos. La medicina busca aliviar los síntomas del estrés a través del uso de tranquilizantes y narcóticos. Si el estrés puede colmar las actividades diarias de una persona con ansiedad e insatisfacción, es de suponer que aliviarlo traerá tranquilidad.

Sin embargo, ya es demasiado obvio que esto no es así. Hemos sido programados desde el nacimiento para buscar un alivio rápido (y temporal). Sin embargo, al hacerlo, caemos presos de una avalancha de problemas no previstos, que a veces nos abruman. Todo el tiempo estamos "corriendo", preocupados por escapar de situaciones estresantes. Pero para la mayoría de nosotros, la posibilidad de lograr una solución permanente, parece ser tan remota como siempre. Este libro te propone que logres una solución permanente, alentando incluso un estrés mayor. El aumento del estrés es un indicio de que tienes destinada una mayor cantidad de Luz. Sin embargo, la idea de ir a buscar el estrés parece contraria a nuestros instintos.

Pero examinemos esta analogía. Supongamos que has decidido abrir una fábrica que requiere de maquinaria pesada. En ese caso, deberías saber cuáles son las capacidades de estrés que tiene el suelo para soportar las máquinas. Si el peso de la maquinaria excediera a la fuerza del suelo, ¿decidirías retirar el equipamiento necesario y reemplazarlo por modelos menos pesados? Solamente un gerente muy ineficiente llegaría a esa conclusión. Tendría mucho más sentido reforzar el suelo existente para que pueda soportar el peso con seguridad o incluso resistir una carga más pesada si fuese necesario.

En esta analogía, la maquinaria representa la Luz, mientras que el suelo simboliza el Deseo de Recibir Sólo para Sí Mismo. La

Restricción o la resistencia a la plenitud que viene de la Luz es el requisito para la expansión de nuestras Vasijas. Y en la medida en que recibamos exitosamente la energía inteligente de la Luz —que comparte y que es benéfica—, las recompensas se traducirán en bienestar mental y físico.

LA BÚSQUEDA DE LA SERENIDAD

Siempre es contraproducente explorar los métodos por medio de los cuales el estrés —es decir, la presencia de la Luz— se puede reducir o incluso eliminar. La Luz no está influida por nuestro deseo de retirar su energía inteligente. Su deseo fundamental es compartir, y nada de lo que hagamos puede evitar que logre su objetivo.

Debemos entender la verdadera naturaleza del estrés. Muchas personas podrían sentir que la Luz es un invasor que les exige cosas que ellos no desean. Y, si bien podemos pensar que lo mejor para nosotros es liberarnos de esta carga, al hacerlo nos enfrentaremos a la consecuencia inevitable de que nuestra plenitud posiblemente disminuya.

Al vivir en un estado de plenitud reducida, también estaremos en un estado constante de frustración. Esto se debe a que nuestro deseo natural de recibir es ignorado. Si no ampliamos adecuadamente las dimensiones de la Vasija para recibir, la Luz nos presiona demasiado. Por otro lado, el rechazo al beneficio de la Luz hace que no podamos satisfacer nuestro deseo natural de recibir una plenitud genuina, que es el verdadero propósito de nuestras vidas. El uso de alcohol, narcóticos, tranquilizantes y otras drogas que alivian el estrés, es sólo un recurso temporal. Aquí el problema radica en el "viaje de vuelta", ya que los efectos de los métodos artificiales se mantienen sólo durante un tiempo limitado. Bajo la influencia de drogas u otros estupefacientes, se puede lograr un breve período de alejamiento de la energía limitante y autoabastecedora. Pero esto no puede durar cuando es inducido por métodos artificiales.

La conciencia del alma es el Deseo de Recibir para Compartir. Sin embargo, la función del cuerpo es inculcar la conciencia del Deseo de Recibir Sólo para Sí Mismo. En consecuencia, cuando los efectos de los narcóticos se desvanecen, el alma nuevamente experimenta los límites que le impone el cuerpo. La conciencia corporal, por su naturaleza, no puede manifestar el deseo de expandir las dimensiones de su Vasija.

La Luz desea entrar y abrazar nuestras almas, pero no puede hacerlo sin nuestra participación activa. Este es el precepto kabbalístico fundamental de la "no coerción en la espiritualidad". El alma, cuya intención es unirse con la Luz, debe transformar primero a la conciencia del cuerpo de un Deseo de Recibir Sólo para Sí Mismo a un Deseo de Recibir para Compartir. Esto puede resultar estresante en cuanto a lo que experimentamos en nuestra vida diaria, pero una vez que se completa el proceso, la presencia de la Luz ya no constituye un "factor de sobrecarga". Cuando nuestra Vasija se refuerza y se reprograma, podemos esperar el efecto opuesto al estrés.

Siempre recuerda: la Luz nunca se desvanecerá. Está y siempre estará ahí para nosotros. Pero debemos hacerle un lugar para que entre en nuestra conciencia y en la de la humanidad en su conjunto. La conexión con la Luz en la Era de Acuario ya no está restringida sólo a aquellos que merecen Su influencia. Todos los habitantes de la Tierra están sujetos a la demanda de revelación por parte de la Luz. Nuestra única elección verdadera es llevar nuestra Vasija a su máxima capacidad y aceptar toda la Fuerza de la Luz que está destinada para nosotros.

La utilización de métodos artificiales para reducir nuestro deseo de recibir no influye en el comportamiento de la Luz. Ella hará un esfuerzo continuo para lograr la plenitud. Y lo hace simplemente "por nuestro propio bien". Todas las tensiones de la vida moderna están basadas en nuestra imposibilidad de hacer llegar la Luz a nuestra conciencia. El uso generalizado de medicinas adictivas y nocivas para el alivio del estrés excesivo y de enfermedades relacionadas con él, debe ser considerado una complicación, y no una solución, al problema del estrés. Debemos desarrollar la plena capacidad de aprovechamiento de la Luz para lograr y mantener la plenitud en estos tiempos difíciles.

Sin lugar a dudas, el estudio de la Kabbalah y el uso de las herramientas y enseñanzas kabbalísiticas, cuando son practicadas con propiedad, pueden mejorar nuestra vida diaria de formas que no imaginamos.

CAPÍTULO SIETE:
EL TIEMPO

EL RELOJ SE HA DETENIDO

Hoy en día, los científicos coinciden en que el punto de vista convencional sobre el tiempo —es decir, el que miden los relojes— ha llegado a su fin. Éste ha seguido el mismo camino que los demás principios científicos que van quedando obsoletos. Pero las nuevas teorías sobre el tiempo nos orientan hacia una contemplación más elevada y más auténtica de la realidad. Estas señales apuntan hacia un mundo que está por encima del mundo físico: es el mundo de la conciencia, al que se hace referencia en El Génesis como el Árbol de la Vida.

La conciencia del Árbol de la Vida es el terreno de la conciencia pura. El mundo de la ilusión, la fragmentación, el espacio y el tiempo no tiene lugar en la conciencia del Árbol de la Vida. Una vez que experimentamos la realidad del Árbol de la Vida, eliminamos la ilusión del tiempo y el espacio. De inmediato llegamos a todos los lugares del universo, donde el pasado, el futuro y el presente se hacen uno con la Luz. El *Zóhar* demuestra claramente este concepto en el siguiente pasaje:

> Y tomó de las piedras de aquel paraje y las puso en su cabecera, y se acostó en aquel lugar. Y el Creador dijo: "¡La tierra en la que estás acostado te la daré a ti!". Dijo el Rav Isaac: "Este versículo nos enseña que toda la Tierra de Israel fue reducida al tamaño del cuerpo de Jacobo".

De allí, la realidad de que Jacobo estaba acostado en "toda la tierra", es decir, ¡la Tierra de Israel!

Para entender esto debemos reconocer las dos grandes revoluciones que dieron nacimiento a la nueva física: la teoría cuántica y la de la relatividad. La primera víctima de estas teorías fue la creencia que indica que el tiempo es universal y absoluto. Lo que Einstein demostró es que en realidad el tiempo es elástico y que se puede estirar y contraer con el movimiento. La segunda víctima de estas teorías fue la noción de que el espacio también es elástico. Pocas personas se atreverían siquiera a soñar con la posibilidad de ver que lo que hoy es un metro, podría ser dos metros mañana, o que esa misma medida pudiera convertirse en la mitad al día siguiente. Sin embargo, la teoría de la relatividad sostiene que las distancias no sólo no tienen una dimensión absoluta y fija, sino que también propone experimentos para verificar estas discrepancias.

Todos damos por sentado que nosotros mismos, y todos los objetos materiales, estamos en algún lugar. Cuando los físicos comenzaron a explorar el concepto de la ubicación de la luz en la física cuántica, quedaron impactados al descubrir que la idea en sí no tenía sentido.

En consonancia con la afirmación de *El Zóhar* en cuanto a que el espacio es ilusorio, recuerdo un experimento que realicé con un grupo de 150 personas. Nos disponíamos a caminar hacia un lugar que estaba a unos 45 minutos de distancia. El camino que íbamos a tomar tenía muy poco tráfico. Sugerí que todos bajásemos la vista para mirar la calle que pasaba bajo nuestros pies, en lugar de observar los pies caminando sobre el asfalto. De inmediato, todos tuvieron la sensación de "quedarse en el mismo lugar" y de ver la calle moviéndose debajo de sus pies.

De manera consciente, dejamos de sentir que la caminata duraba 45 minutos, y la mayoría no experimentó ninguna sensación de movimiento.

El problema que todos enfrentamos en nuestras vidas es la programación desacertada que se ha creado en nuestra visión del mundo. Todos los conceptos de la ciencia convencional han sido firmemente arraigados en el mundo del "sentido común" de nuestra experiencia diaria. El tiempo, por ejemplo, era el tiempo en la forma en que nosotros lo sentíamos, y el espacio era una barrera que había que derribar para llegar adonde quisiéramos ir. Sin embargo, cuando la nueva era de la física comenzó a entrar en la conciencia pública a principios de la década de 1950, las cómodas nociones de la realidad que habían perdurado durante siglos fueron aniquiladas. Muchas suposiciones que no habían sido antes cuestionadas, fueron hechas añicos. De repente, el mundo se revelaba como un lugar extraño e incierto. El sentido común dejó de ser un parámetro confiable. El antiguo universo mecanicista y racional se derrumbó y fue reemplazado por el mundo metafísico de la paradoja y la incertidumbre.

Cuando la extraña estructura del mundo cuántico reemplazó al universo mecanicista, el espacio y el tiempo fueron colocados en el terreno de la metafísica. Ahora el problema pasó a ser: "¿Cómo enfrentamos una realidad que parece oponerse a nuestras nociones preconcebidas y racionales acerca de cómo esperamos que actúe el mundo?". También se planteó una pregunta fundamental tanto para los físicos como para el resto de las personas: "¿Cómo reconvertimos nuestro pensamiento después de que nos dijeran durante siglos que no existe otra realidad más que la realidad física, con la cual nos relacionamos todo el tiempo?".

LA ILUSIÓN DEL ENVEJECIMIENTO

La Kabbalah nos enseña que el llamado proceso de envejecimiento es otro ejemplo del mundo en el que vivimos, en el cual la ilusión está ligada al tiempo. Al ser concientes de esto, se nos plantea una pregunta muy práctica: "¿Cómo podemos volvernos más jóvenes? O dicho de otra forma: ¿Cómo podemos mantener el perfecto estado de nuestra existencia? ¿Cómo capturamos las etapas de desarrollo desde la infancia hasta la adultez, sin pagar el precio visible del envejecimiento?

Hemos llegado lejos en la búsqueda del entendimiento científico; sin embargo, con todos nuestros asombrosos descubrimientos, no hemos conseguido alcanzar el control de nuestros destinos. ¿Cuál es la relación entre la naturaleza del universo y nuestra vida diaria? ¿De qué manera el entendimiento del cosmos mejorará nuestro bienestar mental y físico?

La Kabbalah plantea preguntas en todos los aspectos, pero también se concentra en las ideas que explican el todo, desde el *Big Bang* hasta el poder de la humanidad de controlar el universo y, consecuentemente, su propio destino. Por esta razón la Kabbalah y *El Zóhar* inspiraron tanto respeto durante casi 2.000 años.

El fascinante poder de la Kabbalah ha provocado que algunas personas sientan temor de ahondar en sus secretos. Este recelo, de acuerdo con muchos kabbalistas, tenía un sólido fundamento hasta mediados del siglo XVI. A partir de ese momento, que los kabbalistas consideran el inicio de la Era de Acuario, las limitaciones y las prohibiciones en torno al estudio kabbalístico se eliminaron por completo. Sin embargo, en nuestra sociedad aún hoy muchos maestros y padres evitan las preguntas planteadas por *El Zóhar*. Muchos se sienten incómodos por los temas que trata la Kabbalah. Temen la responsabilidad que se les podría endosar al descubrir que ciertamente existe la posibilidad de obtener el control de sus vidas.

El Zóhar es la infusión de energía necesaria para recuperarnos de nuestro largo y profundo sueño. Einstein le dijo una vez a un periodista: "Todo lo que quiero saber es qué piensa el Señor sobre Su creación del mundo. El resto son sólo detalles". *El Zóhar* revela el pensamiento que hay detrás de todas las cosas. *El Zóhar* lleva a su fin un largo capítulo en la historia de la lucha intelectual de la humanidad por entender el universo. Pero lo más importante, es que también revoluciona nuestra conciencia, y de ese modo intensifica nuestra calidad de vida.

REVELACIÓN: "NUESTRA ENTRADA A LOS MUNDOS SUPERIORES..."

En *El Zóhar* está escrito: "Todos los tesoros celestiales y misterios ocultos que no les fueron revelados a las generaciones posteriores serán revelados en la Era de Acuario". Se destaca que esta nueva era nos permitirá entender no sólo nuestro universo familiar, sino también lo que está más allá, en el campo metafísico. Hoy, más que en cualquier otro momento en la historia, la Luz exige ser revelada. Del mismo modo que la Luz alejó de todas las limitaciones del universo físico mundano a aquéllos que se hallaban en el Monte Sinaí, ¡también nos apartará de las mismas limitaciones a nosotros en la Era de Acuario!

La Revelación del Monte Sinaí es interpretada por *El Zóhar* como una conexión entre la energía cruda y pura de la Luz y la humanidad. De allí el uso de la palabra "revelación", que significa que la Luz fue desvelada sin los usuales elementos protectores que ocultan su sorprendente poder. Con la eliminación del mundo corpóreo e ilusorio de la existencia, los impedimentos que frenan o ralentizan nuestro movimiento, dejan de existir. En el momento de la Revelación, la idea de la velocidad de la Luz deja de tener cualquier referencia. El movimiento es instantáneo una vez que decidimos conscientemente adónde queremos estar. El espacio, tal como lo percibimos, no tiene lugar una vez que nuestro mundo físico e ilusorio desaparece. El tiempo, tal como lo conocemos, sale volando por la ventana. El pasado, el presente y el futuro se elevan y forman una unidad con la Luz.

"¡La generación del Monte Sinaí vio a todas las generaciones futuras de la humanidad hasta los días del Mesías!" Esta asombrosa declaración de *El Zóhar* revela que los acontecimientos pueden operar no sólo desde el pasado hacia el futuro, sino también desde el futuro hacia el pasado. Por lo tanto, la Luz es nuestra máquina del tiempo, nuestra entrada a los Mundos Superiores. Sólo la Luz es capaz de eliminar la ilusión de nuestra realidad corpórea para revelar un modelo cósmico que es, fue y siempre será eterno y estará pleno de certeza.

Este fue el fenómeno de la Revelación. Pero cuando Israel cayó bajo la influencia del Becerro de Oro, su conexión con la Luz llegó a su fin. Los Israelitas ya no podían hacer uso del extraordinario poder de la Luz y finalmente perecieron en el desierto.

La Revelación fue y es una oportunidad para conectarnos con las herramientas y los canales que nos permiten lograr un estado alterado de conciencia, el mismo que le permitió a Moisés conectarse con la Luz. Una vez que la Luz fue revelada, no hubo vuelta atrás. Pero fue demasiado poder como para que la humanidad lo pudiera manejar en aquel momento.

Ahora, en el inicio de la Era de Acuario, la humanidad tendrá una vez más la oportunidad de conectarse con la Luz. Esta conexión implicará la capacidad de viajar hacia atrás en el tiempo, o en otras palabras, de lograr un estado alterado de conciencia en el que el pasado y el futuro sean ahora, donde nuestra juventud vuelva a nosotros y la muerte haya sido borrada del escenario de nuestra existencia.

Si, como sugiere *El Zóhar*, nos preparamos a nosotros mismos para volar hacia atrás y llegar al Monte Sinaí en el momento en que tuvo lugar la Revelación, en cuestión de segundos habremos viajado aproximadamente 3.300 años; más rápido que la velocidad de la luz. Una vez que hemos logrado esas velocidades, hasta la ciencia reconoce que podemos movernos hacia atrás en el tiempo. Después de lograr esta hazaña, podemos convertirnos en los beneficiarios de todo lo que esta marcha atrás en el tiempo tiene para ofrecernos.

En la novela *La Máquina del Tiempo* de H.G. Wells, se construye un aparato que se mueve a través del tiempo pero permanece en el mismo lugar físico. Desde un punto de vista científico, esto no es posible, ni siquiera en teoría. En la concepción que tiene el científico sobre la reversión del tiempo, debe haber un cambio de posición y de tiempo. Un viaje a través del tiempo significa que un objeto es transportado hacia afuera del marco de la Luz, hacia una región que no está aquí y ahora, ni en el pasado ni en el futuro.

En el presente, la sensación general entre los cosmólogos es que, a menos que unos seres muy avanzados ya hayan construido una máquina del tiempo, no viajaremos hacia atrás para visitar a los dinosaurios. Sin embargo, la cuestión vino para quedarse. Richard Feynman demostró una vez que los positrones, los homólogos antimateria de los electrones, podían ser considerados electrones que se mueven hacia atrás en el tiempo. Los kabbalistas no tienen dificultades para abordar este concepto. Existe una historia sobre el Arí, quien deseaba estar en Jerusalem para Shabat. En unos minutos, llegó a Jerusalem desde Safed, que está a unas 200 millas de distancia. Hay muchas historias en *El Zóhar* en las que nuestros sabios viajan de un lugar a otro. ¿Cómo se logra este "milagro"? Lo que se necesita es un nivel de trascendencia y elevación hacia el terreno de la realidad verdadera.

¿Cómo vamos a lograr esta transformación? Por medio de la Restricción. Transformando el Deseo de Recibir Sólo para Sí Mismo en el Deseo de Compartir. Utilizando todas las herramientas y enseñanzas de la Kabbalah.

CONCLUSIÓN:
LA TRANSFORMACIÓN

LA TRANSFORMACIÓN DE LA CONCIENCIA

Einstein pasó los últimos 50 años de su vida buscando la llamada "Teoría del Todo", que uniría a la relatividad con la mecánica cuántica, los dos descubrimientos revolucionarios de la física moderna. Él nunca encontró lo que buscaba. Para un kabbalista, esto no es sorprendente, ya que Einstein buscaba en los lugares equivocados.

La verdadera "teoría del todo" se encuentra en el mundo de la conciencia. Sólo a través de la transformación de la conciencia, el mundo se liberará del caos de una vez y para siempre.

Todo apunta hacia una realidad basada en la conciencia y no hacia la realidad física. Pero algunos fenómenos parecen ser tan difíciles de creer o de imaginar, que incluso los eminentes físicos contemporáneos "chocan contra el muro". A mediados de sus 70, Einstein sucumbió a la perspectiva de la experiencia física. No pudo aceptar el hecho de que la realidad del sentido común estuviera muerta.

Sin embargo, a través del estudio de la Kabbalah todos podemos lograr el nivel de conciencia que eludieron hasta los más grandes físicos del siglo XX. Los principios establecidos por *El Zóhar* son accesibles para todos. Podemos conectarnos con el mundo de la certeza y el orden, y dejar atrás el ilusorio mundo del caos y el desorden.

El Zóhar nos conduce a conceptos de gran simplicidad y belleza. Sus enseñanzas revelan las características genuinas de la naturaleza. Su integridad y claridad hacen que nos preguntemos por qué no habíamos pensado en esto antes. Su imaginación creativa genera una teoría de la realidad tan persuasiva en su elegancia que nos convencemos de su verdad, incluso antes de someterla a pruebas experimentales.

Al igual que *El Zóhar*, este libro pretende que nos llevemos a casa la noción de que nos rodea un universo ordenado. Pero antes de que podamos avanzar e ingresar en ese universo, debemos despojarnos de la creencia de que somos seres humanos indefensos a bordo de un barco sin timón, en medio de una tormenta. Podemos y debemos asegurarnos a nosotros mismos que somos precisamente nosotros quienes tomaremos el control futuro de nuestras experiencias de vida. La vida no es un juego de azar. El azar es una ilusión.

Para el kabbalista —cuyo estilo de vida incluye la Restricción en todos los aspectos de la experiencia diaria— dar el salto cuántico que atraviesa las barreras de nuestro mundo físico es tan fácil como cruzar una calle desierta. Cuando una persona está preparada por las enseñanzas de la Kabbalah, incluso viajar por el tiempo es muy fácil. La Kabbalah vuelve a colocar a la mente en una posición central dentro de nuestro universo. Cuando atravesamos el túnel del espacio-tiempo, viajamos a la velocidad de la luz para llegar a la Revelación y nos conectamos con ella, estamos entrando en la realidad fundamental. El universo del Árbol de la Vida se despliega ante nuestros ojos.

Yo sostengo que los pensamientos presentados aquí son revolucionarios. Con toda seguridad, la comprensión de estas nociones aparentemente extravagantes pone a prueba la imaginación. La historia nos ha demostrado que la verdad siempre resulta ser más maravillosa que cualquier cosa que podamos imaginar. El universo parece estar repleto de acciones violentas. Sin embargo, para el kabbalista, los fenómenos violentos son simplemente expresiones de la violencia humana. El bien y el mal se aplican al Árbol del Conocimiento del universo. Sin embargo, el viaje kabbalístico nos puede preparar para entrar en el mundo de la conciencia del Árbol de la Vida, donde el caos y el desorden serán reconocidos como lo que son: una ilusión.

La Kabbalah nos enseña cómo abandonar el ciclo de negatividad, lucha, fracaso y derrota que nos empobrece espiritualmente. Nos guía hacia un estado de la mente en el que nos conectamos con una secuencia infinita, donde el tiempo, el espacio, y el movimiento están unidos; donde el pasado, el presente y el futuro se entrelazan; donde todas las personas y las cosas se interconectan; donde el después es ahora y todo está sujeto al **Poder en Ti**.

MÁS LECTURAS DEL KABBALISTA RAV BERG

DOMINAR EL CAOS
TAMING CHAOS

El eminente Kabbalista Rav Berg nos ofrece una explicación profunda y avanzada sobre cómo se pueden usar las herramientas de la Kabbalah en nuestra vida diaria para eliminar el caos. (Aná Bejóaj, Meditación Kabbalística, los 72 Nombres y mucho más)

Cuando hablamos de caos no sólo nos referimos a un infierno en las calles, con gente corriendo como loca de un lado a otro. Se trata del caos personal. Las dificultades que tú enfrentas cada día, como tropezar y lastimarte un dedo del pie, quedarte atascado en largas colas, perder dinero en los negocios, los problemas en las relaciones personales y la enfermedad. Este libro te mostrará cómo hacer que todo aquello que se interpone en el camino de tu felicidad esté de tu lado, y no en tu contra.

EL ZÓHAR ESENCIAL
THE ESSENTIAL ZOHAR

El Zóhar es tradicionalmente conocido como el documento más profundo y esotérico del mundo; pero el Kabbalista Rav Berg, el más sobresaliente de su generación, ha dedicado su vida a lograr que estas enseñanzas sean accesibles para todo el mundo. La gran sabiduría y la Luz de *El Zóhar* surgieron como un regalo para toda la humanidad; por fin, *El Zóhar* Esencial le revela al mundo esta maravillosa ofrenda.

EL ZÓHAR

Ya has leído acerca de los milagrosos poderes de *El Zóhar* en El Poder en Ti. Ahora aprende a trasladar ese poder a tu vida.

Escrito hace más de 2.000 años, *El Zóhar* es una colección de 23 libros, un comentario sobre cuestiones bíblicas y espirituales en forma de conversaciones entre maestros espirituales. Pero describir *El Zóhar* sólo en términos físicos nos induce a una interpretación equivocada. En realidad, *El Zóhar* es una poderosa herramienta para lograr las metas más importantes de nuestras vidas. Fue entregado a toda la humanidad por el Creador para traernos protección, conectarnos con Su Luz, y cumplir nuestro derecho de nacimiento a una verdadera transformación espiritual.

Hace ochenta y dos años, cuando se fundó el Centro de Kabbalah, *El Zóhar* prácticamente había desaparecido de la faz de la Tierra. Pocas personas habían oído acerca de esta obra. Aquél que quisiera leerlo en cualquier país, cualquier lengua y a cualquier precio, se enfrentaba a una larga e inútil búsqueda. Hoy todo esto ha cambiado. A través del trabajo del Centro de Kabbalah y los esfuerzos editoriales de Michael Berg, ahora *El Zóhar* llega al mundo, no sólo en la lengua aramea original, sino también en inglés.

El Zóhar en inglés, es una edición nueva que nos brinda las herramientas necesarias para conectarnos con este texto sagrado en todas sus dimensiones: el texto arameo original para escanear, más una traducción al inglés y comentarios claros y concisos que facilitan su estudio y aprendizaje.

Para solicitar *El Zóhar*, llama a nuestro Departamento de Ayuda al Estudiante al teléfono 1-800-KABBALAH. Nuestros instructores capacitados esperan tu llamada durante 18 horas al día para responder todas las preguntas que tengas sobre *El Zóhar* y la Kabbalah.

Esta llamada te cambiará la vida para siempre.

MÁS LIBROS QUE TE AYUDARÁN A TRAER LA SABIDURÍA DE LA KABBALAH A TU VIDA:

LOS 72 NOMBRES DE DIOS: TECNOLOGÍA PARA EL ALMA
THE 72 NAMES OF GOD: TECHNOLOGY FOR THE SOUL™
Un éxito de ventas americano, escrito por Yehudá Berg

Todos conocemos la historia de Moisés y el Mar Rojo; incluso se hizo una película basada en el tema que ganó un Oscar. Lo que no es tan sabido, nos dice el mundialmente reconocido autor Yehudá Berg, es que en esa historia bíblica se encuentra codificada y oculta una verdadera tecnología de vanguardia. Este conjunto de técnicas se llama *Los 72 Nombres de Dios* y es la llave —tu llave— para liberarte de la depresión, el estrés, el estancamiento creativo, el enojo, la enfermedad y otros problemas físicos y emocionales. *Los 72 Nombres de Dios* son la herramienta más antigua y poderosa de la humanidad, mucho más potente que cualquier otro conocimiento tecnológico puntero cuando se trata de eliminar los residuos de tu vida, para que puedas levantarte y disfrutar de ella todos los días. Este libro propone la solución a todo lo que te aqueja porque actúa a nivel del ADN de tu alma.

EL PODER DE KABBALAH
THE POWER OF KABBALAH
Un éxito de ventas internacional, escrito por
Yehudá Berg

Imagina una vida llena de felicidad, propósito y alegría infinitos. Imagina tus días imbuidos de conocimiento y energía. Este es *El Poder de Kabbalah*. Es el camino que te transporta del placer efímero que la mayoría de la gente experimenta, a la plenitud duradera. Tus deseos más profundos están esperando a ser cumplidos. Pero éstos no se limitan a la satisfacción que obtienes cuando cierras un trato comercial, ni al goce a corto plazo que te hacen sentir las drogas, ni a una apasionada relación sexual que dura unos pocos meses.

¿Te gustaría experimentar una sensación duradera de plenitud y paz inquebrantables, sin importar lo que suceda a tu alrededor? La promesa de la Kabbalah es la plenitud absoluta. En estas páginas aprenderás a percibir y a navegar por las aguas de la vida de una manera absolutamente novedosa. Entenderás tu misión, y sabrás cómo recibir los abundantes regalos que te están esperando. Si comienzas una transformación fundamental, y pasas de ser reactivo a ser proactivo, aumentarás tu energía creativa, tendrás el control de tu vida y disfrutarás de los nuevos niveles espirituales de existencia. Las antiguas enseñanzas de la Kabbalah están arraigadas en la perfecta unión de las leyes físicas y espirituales que ya están operando en tu vida. Prepárate para vivir este emocionante mundo de conciencia, pletórico de sentido y felicidad.

Las maravillas y la sabiduría de la Kabbalah han influido en las ideas espirituales filosóficas, religiosas y científicas de diversos líderes en el mundo. Sin embargo, hasta ahora, esa sabiduría ha estado oculta en textos antiguos, disponibles sólo para los eruditos que sabían adónde buscarlos. Ahora, después de muchos siglos, *El Poder de Kabbalah* está en este valioso libro. Por fin, está aquí el camino simple y completo: una serie de medidas que puedes tomar ahora mismo para crear la vida que deseas y mereces.

SER COMO DIOS
BECOMING LIKE GOD
Por Michael Berg

A los 16 años, el erudito de la Kabbalah Michael Berg comenzó la titánica tarea de traducir *El Zóhar*, el texto principal de la Kabbalah, de su idioma original, el arameo, a la primera versión completa en inglés. *El Zóhar*, que está compuesto por 23 volúmenes, es un compendio que incluye prácticamente toda la información relativa al universo y su sabiduría, la cual sólo comienza a ser verificada en la actualidad.

Durante los diez años en los que trabajó en *El Zóhar*, Michael Berg descubrió el secreto perdido hace mucho tiempo, que la humanidad ha estado buscando durante más de 5.000 años: cómo llegar a nuestro destino final. SER COMO DIOS revela el método transformador por medio del cual las personas pueden liberarse de lo que se denomina "naturaleza del ego", para lograr de manera efectiva la dicha total y una vida duradera.

Berg presenta una idea revolucionaria: por primera vez en la historia se le da una oportunidad a la humanidad. Una oportunidad de SER COMO DIOS.

EL SECRETO
THE SECRET
Por Michael Berg

Como una joya cortada y pulida minuciosamente, *EL SECRETO* revela la esencia de la vida en forma concisa y poderosa. Michael Berg comienza por mostrarte los motivos que provocan que la comprensión de nuestra misión en el mundo esté invertida. Cuando el dolor invade nuestras vidas, cuando nos encontramos permanentemente en un estado que nos aleja de la dicha y la plenitud total, la razón de todas estas angustias es ese malentendido básico.

A medida que el libro avanza, te encontrarás con historias y conocimientos provenientes de los más grandes sabios de la Kabbalah. Aprenderás a liberarte de la infelicidad y lograr la alegría, que es tu verdadero destino. *El Secreto* es un libro que te abrirá los ojos, tocará tu corazón ¡y te cambiará la vida para siempre!

PRODUCTOS DE AUDIO

COLECCION DE AUDIO

EL PODER DE KABBALAH

El *Poder de Kabbalah* es un manual del usuario para el universo. Ves más allá de donde estás ahora y alcanza el lugar al que quieres llegar, a nivel emocional, espiritual y creativo. Esta apasionante colección te presenta las enseñanzas antiguas y auténticas de la Kabbalah en un formato práctico y poderoso de audio.

CÓMO CREAR MILAGROS EN TU VIDA

Estamos acostumbrados a pensar los milagros como hechos que suceden por antojo de Dios. Pero los kabbalistas enseñan, desde hace tiempo, que el verdadero poder para crear milagros está presente en todos y cada uno de nosotros, si sabemos cómo acceder a ese poder y ponerlo en práctica. Esta inspiradora colección de casetes nos enseña, exactamente, cómo lograr eso. ¡Pídela ahora e ingresa al terreno de los milagros!

PROSPERIDAD VERDADERA

La *Prosperidad Verdadera* es un paradigma completamente nuevo que sirve para lograr la plenitud económica absoluta. Nos brinda un conjunto simple de conceptos y herramientas para eliminar los bloqueos espirituales fundamentales que evitan que la prosperidad se materialice en todas las áreas de tu vida.

Este singular programa nos enseña conceptos y herramientas kabbalísticos que se pueden aplicar específicamente al mundo de los negocios y el dinero. Una vez que conozcas las leyes espirituales del dinero, nunca más tendrás que preocuparte por él.

EL CENTRO DE KABBALAH

LÍDER INTERNACIONAL EN EDUCACIÓN SOBRE LA KABBALAH

Desde su fundación, el Centro de Kabbalah ha tenido una sola misión: mejorar y transformar las vidas de las personas trayendo el poder y la sabiduría de la Kabbalah a todo el que desee participar de ella.

Gracias a toda una vida de esfuerzos del Rav Berg, su mujer Karen, y el gran linaje espiritual del que son parte, una asombrosa cifra de 3 millones y medio de personas en el mundo ya han sido tocadas por las poderosas enseñanzas de la Kabbalah. ¡Y el número aumenta año tras año!

Como fuente líder de la sabiduría kabbalística, con 50 sedes en todo el mundo, El Centro de Kabbalah te ofrece una gran cantidad de recursos que incluyen:

- *El Zóhar* en inglés: la primera traducción completa al inglés del pilar de la sabiduría kabbalística. En 23 volúmenes muy bien encuadernados, esta edición reúne: el texto en arameo, la traducción al inglés y los comentarios detallados, permitiendo que aquel texto que una vez fue inaccesible pueda ser comprendido por todos.

- Un programa completo de talleres, charlas y lecciones para estudiantes de todos los niveles y experiencia.

- CD's, cintas de audio y libros en inglés y otros diez idiomas.

- Una de las páginas web más interesantes y completas, **www.kabbalah.com/espanol**, que recibe más de 100.000 visitantes por mes.

- Una lista de eventos y publicaciones en constante crecimiento que te ayudan a poner en práctica las enseñanzas de la Kabbalah con mayor comprensión.

Descubre por qué el Centro de Kabbalah es una de las organizaciones espirituales que crecen con más rapidez en el mundo. Nuestro único propósito es mejorar la vida de las personas a través de las enseñanzas de la Kabbalah. ¡Déjanos mostrarte lo que la Kabbalah puede hacer por ti! Cada Centro de Kabbalah ofrece charlas introductorias gratuitas. Para mayor información sobre la Kabbalah o cualquiera de nuestros productos y servicios, llama al 1-800-KABBALAH.

Hay un Centro de Kabbalah donde quiera que estés, porque ahora puedes llamar al 1-800-KABBALAH desde casi cualquier punto del planeta, y obtener respuestas y asesoramiento telefónico gratuito durante 18 horas al día. Te conectarás con nuestro equipo de personas cualificadas, quienes están a tu disposición para ayudarte a comprender la Kabbalah tan profundamente como lo desees, ya sea recomendando un estudio, qué libros o cintas conseguir, así como el orden en que conviene leerlos, discutir el material o cualquier otra cosa que desees saber sobre la Kabbalah.

DEDICATORIA

Ante todo quiero agradecerle a la Luz por la oportunidad de ayudar a transmitir el conocimiento y las herramientas para que nuestro mundo sea cada día un lugar mejor.

Al Rav y a Karen ya que sin ellos no hubiéramos podido conectar a todo esto. Quiero dedicar este libro a mis padres, mis hijos, mi esposo, mi maestra Tziporah y a todos ustedes que tienen este libro en sus manos y luchan por ser un canal de Luz.